D0906718

Suicide

AUTRES LIVRES ÉCRITS PAR MARION CROOK

Essais
My Body : Women Speak Out About Their Health Care
chez Plenum Publishing

Looking Good : Teenagers and Eating Disorders
Teenagers Talk About Suicide
(Suicide. Trente adolescents parlent de leurs tentatives)
Teenagers Talk About Adoption : The Face in the Mirror
chez NC Press Limited

*The Body Image Trap : Understanding and Rejecting Body
Image Myths*
*Please Listen To Me : Your Guide to Understanding
Teenagers and Suicide*
chez International Self Counsel Press

Romans
Summer of Madness
chez Orca Book Publishers

*Riptide, Island Feud, Stone Dead, Hidden Gold Mystery,
No Safe Place, Payment in Death, Cross Currents*
chez Stodart Publishing

Coauteure
How to Self-Publish and Make Money
chez Crook & Wise, Publishers

MARION CROOK

TRENTE
ADOLESCENTS
PARLENT
DE LEURS
TENTATIVES

" Cessez de me critiquer.
Cessez de me dire que j'ai tort.
Juste, aidez-moi. "

**Traduit par
Claude Herdhuin**

3ᴱ ÉDITION RÉVISÉE 1996

SCIENCES ET *CULTURE*

Ce livre a été originellement publié sous le titre

TEENAGERS TALK ABOUT SUICIDE
Troisième édition revisée, 1996
© 1988 Marion Crook

Publié selon entente avec
NC Press Limited,
Box 452, Station A, Toronto, Ont. M5W 1H8
Tous droits réservés

Conception de la couverture : Zapp

Tous droits réservés pour l'édition française
© 1996 *Éditions Sciences et Culture Inc.*

Dépôt légal : 2e trimestre 1996
Bibliothèque nationale du Québec
Bibliothèque nationale du Canada
Bibliothèque nationale de France

ISBN 2-89092-194-8

 Éditions Sciences et Culture
5090, rue de Bellechasse, Montréal
(Québec) Canada H1T 2A2
(514) 253-0403   Fax : (514) 256-5078

IMPRIMÉ AU CANADA

VILLE DE MONTREAL

3 2777 0199 7029 7

À Bobbie

Marion Crook, B ScN, Seattle University, est mère de quatre enfants. Elle a travaillé pendant de nombreuses années en Colombie-Britannique comme infirmière en santé publique dans le cadre des programmes de santé communautaire, notamment comme conseillère et consultante en santé prénatale et auprès des enfants en âge scolaire avant de consacrer tout son temps à l'écriture. Elle a vingt ans d'expérience en techniques d'interview. Elle a publié récemment, avec succès, plusieurs romans à énigmes et à suspens destinés aux jeunes, des pièces radiophoniques, des articles pour des magazines sur la conservation, ainsi que le premier livre et vidéo de cette série, *Teenagers Talk About Adoption* (Des adolescents parlent de l'adoption).

Table des matières

Remerciements

Je voudrais remercier tous les adolescents (garçons et filles) qui ont répondu aux annonces que j'ai fait paraître dans les journaux et qui m'ont appelée ou que j'ai rencontrés. Vous avez été sincères, compatissants et indispensables à ma recherche. Sans l'aide financière de la Fondation Chris Spencer et de la Société Van Dusen, je n'aurais pas pu voyager pour vous rencontrer.

L'Association canadienne pour la santé mentale (division de Colombie-Britannique), le Centre d'éducation et d'information sur le suicide de Calgary (Suicide Information and Education Centre), le Centre d'aide pour les jeunes en détresse (Distress Centre) de Toronto, ainsi que Tel-Aide à Halifax m'ont offert une aide pratique et leurs encouragements. Carol Lowe, directrice de programme du Centre d'aide pour les jeunes en crise de Vancouver (Vancouver Crisis Centre) m'a beaucoup aidée par ses conseils et ses renseignements au cours des nombreux mois qu'il m'a fallu prendre pour préparer le manuscrit. J'aimerais remercier Peter Gajdis, Julie Epp et Angela Haggerty qui ont révisé mon questionnaire ainsi que le chapitre traitant des jeunes qui risquent de se suicider et qui m'ont donné de précieux conseils. Jasha Ramsay, directrice exécutive du Centre d'aide pour les jeunes en crise de Vancouver, m'a encouragée dès le départ et m'a soutenue tout au long de mon travail. Merci à Chloe Lapp, de l'Association canadienne pour la santé mentale, Gordon Winch et Ila Rutlege, du Centre d'aide pour les jeunes en détresse de Toronto. Tous mes remerciements à Rhamona Von Browning du Centre de recherche sur les jeunes (Youth Quest), Neena Tragguason du Groupe sur la santé des femmes de Vancouver (Women's Health Collective), Geri du Groupe d'aide aux lesbiennes (Lesbian Support Group), Darien Simons du Centre d'aide pour les jeunes en crise de Vancouver qui a étudié ce livre et suggéré des améliorations, au caporal Wayne Price, de la Gendarmerie royale du Canada, forces chargées du maintien de l'ordre chez les Autochtones, Joyce Mailot de la réserve Seabird Island, à Rodney Louie du Conseil de tribu de Lilooet qui m'ont fait leurs commentaires et indiqué des directions à suivre, ainsi qu'à Mathew et Ashley Lindsay de Winnipeg, qui m'ont hébergée et présentée à leurs amis.

Avant-propos
de la troisième édition

Après que le livre ait circulé pendant plusieurs années, j'ai été amenée à parler à de nombreuses personnes du suicide chez les adolescents. J'ai parlé dans des *"talk show"* à Oklahoma, en Californie, à New York, Halifax, Vancouver, Denver, au Colorado et dans bien d'autres endroits. J'ai reçu des lettres de nombreux lecteurs. Certaines m'ont fait pleurer et d'autres m'ont rendue très heureuse d'avoir eu la chance d'écrire ce livre. Mais j'ai pris conscience que j'avais oublié certains adolescents, que j'avais négligé les adolescents gays et les adolescentes lesbiennes, ainsi que les jeunes Autochtones. Ils pouvaient se reconnaître dans mon livre, mais étant donné que je ne m'adressais pas directement à eux, ils se sont sentis exclus. Je n'avais mentionné nulle part que les adolescents appartenaient à différentes races. Je n'avais pas parlé de leur orientation sexuelle. Il semble qu'en ne parlant pas de ces aspects, certains adolescents et adolescentes se sont sentis exclus. Je suis donc retournée dans diverses communautés afin de poser des questions, rencontrer des adolescents (garçons et filles) pour qu'ils me parlent de leur histoire que j'ai intégrée à mon nouveau livre, révisé. J'ai donné la parole à ces adolescents et adolescentes dans cette nouvelle édition.

Au cours des cinq dernières années, des changements se sont produits dans notre société, lesquels influent sur les adolescents. Le nombre de suicides chez les adolescents a augmenté par rapport à il y a cinq ans. Le taux de suicide est particulièrement élevé chez les jeunes hommes, il est même supérieur à celui des États-Unis et seules la Finlande et la Nouvelle-Zélande ont un taux supérieur plaçant le Canada en troisième position. Peu de recherches ont été faites jusqu'à maintenant pour nous aider à comprendre pourquoi les adolescents et les adolescentes essaient de se suicider et, plus important encore, peu de recommandations ont été faites pour aider les jeunes à avoir une meilleure opinion d'eux-mêmes. Nous sommes davantage conscients de ce phénomène. Nous sommes de plus en plus nombreux en Amérique du Nord à comprendre que les adolescents sont en danger, mais nous sommes très peu nombreux à prendre la responsabilité de les aider. Cela ne suffit pas de prendre conscience du problème, nous devons les aider. Bien qu'il existe des études qui établissent un lien entre le suicide chez les jeunes et le divorce, les croyances religieuses, la violence dans notre société et d'autres problèmes sociaux, il y en a très peu qui demandent aux adolescents et aux adolescentes — de façon fiable et raisonnable

— qu'est-ce qui **selon eux** pourrait changer la situation. Dans leurs efforts pour vous aider, les chercheurs ne semblent pas vous donner beaucoup la parole. Ils parlent de vous et ils s'adressent à vous, mais ils ne semblent pas vous écouter. Peut-être que dans les communautés autochtones, les adolescents feront partie de groupes thérapeutiques, aideront à élaborer des recommandations pour remédier à la situation, participeront à un processus de changement afin que votre voix puisse aider les adolescents à retrouver la stabilité et à se sentir en sécurité dans cette communauté. Peut-être que ces communautés peuvent montrer au reste de la société comment vous permettre de vous exprimer pour que la situation change.

J'ai une grande confiance en vous et en votre capacité à vous venir en aide. Mais pour le faire, vous avez besoin d'informations, j'ai donc mis à jour les ressources qui se trouvent à la fin de cet ouvrage. Par rapport à il y a quelques années, il existe beaucoup d'autres ressources et beaucoup d'autres programmes: programmes dans les écoles et programmes communautaires, mais certaines ressources restent inchangées. Certains programmes et certains organismes d'aide sont merveilleux, d'autres ne le sont pas. Certains intervenants et certains conseillers sont efficaces, certains ne le sont pas. Il faut toujours persister pour obtenir de l'aide. Dans les écoles, il existe davantage de programmes éducatifs et de programmes d'intervention, il y a davantage de conseillers pour vous aider à faire face à une perte, davantage de services de références pour trouver l'aide de conseillers professionnels. Nous sommes plus conscients de la situation, mais il ne suffit pas que les adolescents et les adultes sachent que le suicide est un problème chez les adolescents — nous devons aller plus loin mettre tout en œuvre pour aider les jeunes.

MARION CROOK, septembre 1995

Avant-propos

Je ne voulais pas écrire ce livre. J'étais très heureuse en écrivant de la fiction, en cherchant des idées pour mes histoires au cours de mes voyages en avion ou en bateau, dans les mines d'or, dans les ranchs et en puisant dans mon vécu quotidien. Je savais que des adolescents essayaient de se suicider. Je savais que vous aviez des difficultés à vivre, mais je ne voyais pas en quoi c'était *mon* problème. J'avais des adolescents à la maison qui nécessitaient mon temps et mon attention. Je n'avais pas besoin de vous en plus. Voilà ce que je pensais alors.

Puis, j'ai écrit un livre sur ce que ressentent les adolescents qui ont été adoptés, *Teenagers Talk About Adoption*. Lors de ma recherche, j'ai parlé à quarante adolescents. Ils étaient intéressants et j'ai eu une meilleure idée de ce que la vie était pour vous.

Un soir, environ deux mois après la mise en vente de ce livre, une femme qui l'avait lu, me téléphona. Elle voulait que je fasse un livre du journal intime de sa fille. Cette dernière avait tenu un journal intime, jeté des idées par écrit et rédigé des poèmes depuis l'âge de seize ans jusqu'à l'âge de vingt et un ans, moment de son suicide. Le frère de la jeune fille s'était aussi suicidé quelque temps auparavant. Leur mère pensait que si je pouvais étudier ce qu'avait écrit Bobbie, je pourrais peut-être découvrir pourquoi elle s'était suicidée et aider les jeunes en détresse. Ma réponse fut: «Non, je ne peux pas le faire. Je ne suis pas psychiatre. Je n'ai pas assez de connaissances». La mère de Bobbie m'envoya cependant les textes de sa fille. Je ne pris toujours pas la peine de les lire. Ils restèrent par terre dans mon bureau pendant des mois. Je déménageai du centre de la Colombie-Britannique pour emménager sur la côte. J'emportai les textes avec moi. Je ne les lus toujours pas. Je laissai cela à ma conscience jusqu'au jour où je sentis que je devais faire *quelque chose*.

Je ne pouvais pas écrire un livre sur Bobbie. Je ne pensais pas pouvoir arriver à la connaître suffisamment, ni aider beaucoup les lecteurs en me limitant à raconter son histoire. Par contre, les adolescents qui avaient essayé de se suicider et qui n'y étaient pas parvenus pourraient me dire pourquoi le suicide leur avait semblé une si bonne idée. Appuyée par mon éditeur, j'entrai en contact avec les responsables du Centre d'aide pour les jeunes en crise de Vancouver. J'espérais qu'ils me diraient de ne pas écrire ce livre. Un tel livre n'encouragerait-il pas les adolescents à essayer de se suicider? Non. Ils me dirent que personne ne voulait parler du suicide. Tout le monde veut faire comme si cela n'existait pas, ou comme s'il s'agissait d'accident. Les adolescents et adolescentes ont besoin d'être mieux informés. Ils doivent savoir quoi chercher, de quoi se méfier et où aller.

Je suis allée ensuite à l'Association canadienne pour la santé mentale. La directrice exécutive de l'Association m'encouragea vivement à faire la recherche et à écrire ce livre. Elle m'assura qu'avec le personnel de son bureau, elle ferait tout ce qui serait en son pouvoir pour m'aider. Il semblait y avoir un extraordinaire besoin pour ce livre. Vous, les adolescents, aviez besoin d'un livre spécialement pour vous, un livre qui vous décrirait ce que d'autres adolescents ressentaient, leurs besoins et leurs manières d'y faire face. J'avais l'impression d'avoir posé le pied dans l'eau et d'être entraînée par un puissant courant.

C'est ainsi que, avec l'aide de la Fondation Chris Spencer, de la Fondation Van Dusen, de l'Association canadienne pour la santé mentale (division de Colombie-Britannique), de trois jeunes de Vancouver (mon conseil consultatif) et du Centre d'aide pour les jeunes en détresse de Toronto, je commençai mes entrevues.

Je craignais que mon plan, le questionnaire, ne soit pas assez bon et d'être obligée de téléphoner à tous les jeunes avec lesquels j'aurais eu une entrevue pour leur poser des questions vitales une fois ma recherche terminée, c'est-à-dire des mois plus tard. Un chercheur en médecine, auquel je fis part de mes plans, me donna des conseils et me dit de continuer, car j'étais sur la bonne voie. À cette étape, j'avais besoin de beaucoup d'encouragements.

Je ne pouvais plus retarder le projet. Le moment était venu de me jeter à l'eau et de vous demander ce que je devais savoir.

J'ai passé tout un été à sillonner le Canada pour rencontrer des adolescents et des adolescentes. Je passais des annonces dans les journaux et vous me téléphoniez, vous vouliez me parler, me dire ce que les autres adolescents devraient savoir. Je vous rencontrais chez McDonald, chez Burger King, chez Swenson, dans les parcs, chez vous. Je suis restée assise au soleil dans l'île de Granville à Vancouver pendant deux heures à parler avec l'un d'entre vous. Je me suis perdue à Calgary et j'ai fait trois fois le tour du cimetière en voiture pour trouver une maison. Je me suis assise sur un banc dans Trinity Square à Toronto et j'ai gelé dès que le soleil s'est couché derrière les grands immeubles; vous m'avez dit comment c'était d'avoir un tel sentiment de solitude que la mort finissait par vous sembler préférable à n'importe quelle vie que vous pourriez imaginer. Je n'ai pas pu rencontrer tous ceux et celles qui m'ont téléphoné. Parfois, je ne restais que trois jours dans une ville et je ne pouvais rencontrer que trois d'entre vous par jour. Entre chaque entrevue, je devais rester au moins une heure toute seule. Je ne pouvais pas écouter toutes ces émotions sans être atteinte et il me fallait un peu de temps pour retrouver mon équilibre émotif. L'été fut long.

Mais vous m'inspiriez. J'admirais votre courage et votre indépendance. J'admirais votre capacité à finalement croire en vous. Vous étiez si nombreux à être gentils, courageux, généreux. Mais, d'une certaine façon, cela n'a fait qu'empirer mon problème. Vous êtes venus ajouter vos voix et vos attentes à celles du personnel du Centre d'aide pour les jeunes en crise, de l'Association canadienne pour la santé mentale et des fondations. Tout le monde voulait que j'écrive sur un sujet utile et important. Vous m'avez fait travailler très fort.

Je vous ai rencontrés chez vos parents. Parfois, ils ne savaient pas que vous aviez essayé de vous suicider et vous ne vouliez pas que je le leur dise. J'ai respecté votre désir. Parfois, vos parents respectaient votre vie privée et nous parlions dans la maison pendant qu'ils attendaient dans le jardin ou la cuisine, sans jamais venir me demander ce que je faisais là. J'étais surprise d'une telle compréhension. Parfois, vous saviez que vos parents ne comprendraient jamais et vous me rencontriez en ville sans rien leur dire. Je vous rencontrais à la sortie de votre travail. Je vous rencontrais au centre Eaton à Toronto, au Conservatoire de Vancouver, sur la seule colline que j'ai vue à Calgary, sur les quais à Halifax.

Je pensais que la nourriture grèverait considérablement le budget de ma recherche, que vous auriez besoin de manger à chaque entrevue. Je vis avec deux adolescents, mes fils, et ils avalent avidement la nourriture. Mais ce n'est qu'occasionnellement, quand nous avions rendez-vous le midi, que vous preniez un hamburger avec moi. On trouve beaucoup de choix dans les *fast-food* — café et autres plats populaires — mais vous étiez beaucoup plus intéressés à me parler qu'à manger.

Vous parliez pendant des heures. Une entrevue durait habituellement une heure et demie. La plus courte a duré quarante minutes parce que je devais prendre un avion. La plus longue a duré deux heures quarante-cinq minutes et chacune d'entre elles a été un grand privilège pour moi.

J'ai essayé de ne pas lire trop de documentation sur le suicide chez les adolescents avant de vous rencontrer. J'ai essayé de ne pas lire ce que pensaient les professionnels des services d'aide au sujet des adolescents et du suicide. Je ne voulais pas que des adultes m'influencent. Après avoir parlé à une dizaine d'adolescents et adolescentes, j'ai commencé à voir comment la vie vous emprisonnait et vous oppressait; comment les choix vous semblaient limités. Chacun de vous me raconta une histoire différente, mais vous aviez souvent les mêmes problèmes.

Ce livre parle des jeunes que j'ai rencontrés, de vos problèmes, de la façon dont vous y avez fait face, de ce que selon vous les adolescents, les parents et les professionnels des services d'aide devraient faire. Ce n'est pas une "étude" de l'adolescence. C'est l'histoire de quelques adolescents et adolescentes. Ces histoires ne sont pas une bible. Elles ne parlent pas de tous les problèmes et n'offrent pas de solutions uniques pour les résoudre. Ces histoires sont des aperçus de la vie de quelques personnes. Lisez-les et pensez-y. Imaginez-vous à la place de ces adolescents.

À la fin du livre, je parle de l'aide qui existe, de ce qui serait utile, de la façon dont les adolescents pourraient mieux faire face à leurs problèmes et aider un ami. Je ne fais pas un portrait dramatique des horreurs de la vie des adolescents et adolescentes. Je décris la réalité de cette vie. Les lecteurs ne devraient pas être découragés par ces histoires. Ils devraient mieux comprendre ce qu'ils ressentent quand ils songent au suicide, ce que leurs amis ressentent. Enfin, ils devraient être capables de mieux affronter ces sentiments en comprenant ce qu'ils ressentent.

Je veux que les lecteurs participent à ce livre et en sortent plus riches, plus forts et plus sages qu'avant de l'avoir lu. Je ne veux pas que les adolescents fuient la vie en se suicidant.

1

Pourquoi des jeunes essaient de se suicider?

Au détour du chemin
Je fuis la noirceur
Qui me suit pas à pas
Qui vit de mes peurs

— MEGAN

Quand ils ont songé au suicide, la plupart d'entre vous se sentaient seuls. Vous vous sentiez emprisonnés dans une vie qui vous faisait souffrir et vous aviez l'impression que vous n'en sortiriez jamais. Tout vous semblait sans espoir et vous vous sentiez incapables de trouver un moyen de vous sortir du désarroi dans lequel vous étiez. Helen m'a dit: *« C'est comme si vous étiez dans un trou. Plus vous essayez d'en sortir, plus la saleté continue à tomber sur vous. »*

Pourquoi êtes-vous si nombreux à voir dans le suicide une porte de sortie? Vous aviez souvent plus d'une raison. Généralement, vos problèmes émotifs s'étaient accrus avec les années: le rejet, l'indifférence, le manque d'encadrement, le manque d'affection. Dans votre vie, les problèmes se succédaient, ils s'ajoutaient les uns aux autres pour ne faire qu'un et vous étouffer.

Il vous était de plus en plus difficile de faire face aux problèmes toujours plus nombreux. Vous avez réussi à surmonter le premier problème, peut-être le deuxième ou le troisième, en cherchant à chaque fois une issue. Mais le septième, le dixième ou le vingt-deuxième problème vous a anéantis et vous n'avez souhaité alors qu'une porte de sortie, vous avez voulu fuir la vie, fuir la souffrance, fuir la pression, vous ne pouviez plus affronter un autre jour, un autre problème. Le suicide vous est alors apparu comme la solution.

Amy avait dix-neuf ans. Elle était mince, avec des cheveux blond foncé. Je l'ai rencontrée dans la salle de jeux chez son employeur. Amy travaillait dans une maison privée. Elle s'occupait des enfants et faisait un peu de ménage. Cela lui plaisait, car la famille était chaleureuse, affectueuse et compréhensive. À mon arrivée, la maîtresse de maison me salua de la tête et disparut en haut. Elle ne nous interrompit qu'une fois, lorsqu'elle vint chercher un des enfants qui était entré dans la salle de jeux. Il était évident que l'on respectait la vie privée d'Amy.

Amy ne vivait pas dans cette famille. Elle avait depuis longtemps un petit ami avec lequel elle vivait. Elle commençait juste à croire que la vie pourrait lui offrir un peu de bonheur. Elle me raconta que ses problèmes avaient commencé quand elle avait treize ans. En réalité, ils avaient commencé bien avant, quand elle avait senti que son père la rejetait et l'accusait de ne pas être une "fille parfaite". Amy me dit que, selon elle, tout avait débuté quand elle avait treize ans, lorsque sa mère l'envoya passer l'été chez des membres de la famille.

«Je suis allée passer l'été à la campagne, après ma deuxième année du secondaire. Ma mère s'imaginait, en fait elle s'imaginait des tas de choses à mon sujet... Au cours de l'année scolaire, j'avais essayé de fumer. J'avais essayé de fumer du haschisch. Rien d'autre. Je détestais l'alcool. Les garçons me rendaient nerveuse. Ma mère pensait que j'étais une droguée et une alcoolique parce qu'elle m'avait surprise la première et seule fois que j'avais bu. Elle voulait m'envoyer chez les AA (les Alcooliques anonymes). Elle pensait que j'étais complètement détraquée.

«Ma mère s'imaginait que j'étais une nymphomane ravageuse. Mais j'avais peur des garçons! J'étais encore vierge. Elle pensait que j'étais épouvantable et m'a envoyée chez des membres de la famille très sévères pour que je change. Ça n'a fait que me détraquer davantage, car ma mère a raconté tout ça à ma famille... mon cousin a pensé que si j'étais comme ça, il pourrait faire l'amour avec moi. Mon propre cousin! Ça m'a beaucoup choquée.»

MOI: Y est-il arrivé?

«Non, mais mon oncle y est arrivé. Ça a été affreux. Les membres de la famille essaient tout le temps. Ils ne vont pas aussi loin que ça, mais ils aiment danser avec moi et me serrer contre eux. Rien qu'en vous en parlant, je me sens tout à l'envers. C'est bizarre.»

MOI: Tu ne pouvais pas t'éloigner de ton oncle?

«C'était dans sa maison d'été. Je ne pouvais pas faire grand-chose. Je ne pouvais pas aller très loin en pleine campagne. C'était aussi la première fois que j'avais mes menstruations, j'étais très nerveuse. J'avais peur. Ce qui m'a achevée, c'est que je l'ai raconté à ma mère lorsque je suis rentrée à la maison et qu'elle ne m'a pas crue. Elle a téléphoné à mon oncle en riant et lui a dit: "Tu n'imagineras jamais ce qu'a inventé Amy cette fois."»

MOI: Quel âge avais-tu quand c'est arrivé?

«Treize ans.

«Après, j'ai vécu dans la rue. Pas dans le centre de Vancouver, mais dans la banlieue. Des adultes prenaient toujours soin de moi. Tous les clochards de l'aide sociale. Je dormais n'importe où, dans des appartements ou ailleurs. On prenait vraiment bien soin de moi. J'ai eu beaucoup de chance. Je n'ai jamais dû faire quelque chose de mal. Je n'ai jamais dû faire le trottoir ou autre chose du genre. Ce que j'ai fait de pire, c'est vendre quelques grammes de haschisch pour quelqu'un pour pouvoir manger. C'est tout. Je n'ai jamais dû rien faire. J'avais tellement d'amis.»

De treize ans à seize ans, Amy a vécu parfois chez ses parents, parfois dans des familles d'accueil, parfois dans la rue.

MOI: Ensuite tu as essayé de te suicider.

«J'avais l'impression qu'il ne me restait plus rien. Plus d'école, je n'allais pas à l'école. Je n'avais pas d'endroit où vivre. Je n'avais pas de famille sur laquelle compter. Mes frères m'avaient tourné le dos. Ils pensaient que je m'étais sauvée de la maison, mais ma mère m'avait chassée.

«J'en avais assez de la vie. Je ne pensais pas qu'elle avait quelque chose à m'offrir. J'ai essayé de me suicider une fois ou deux pour me venger de mes parents. Tu as si mal que tu arrives à un point où tu ne sens absolument plus rien. Si, à ce moment-là, ma mère ou mon père était venu me voir et m'avait dit: "Nous sommes désolés. Nous voulons que tu reviennes à la maison." J'aurais dit: "Pas question. Allez-vous en. Mes parents? Je n'en ai rien à faire." Je l'aurais pensé. Tu arrives à un point où plus rien n'a d'importance.

«Je savais que si je me tuais, je n'existerais plus. J'irais quelque part. Au stade où j'en étais, je préférais courir le risque, tenter ma chance. Peut-être que je serais mieux là où j'irais. Et si ce n'était pas le cas, rien, même le vide serait mieux que ce que j'avais.

«Je ne pensais pas pouvoir faire autre chose [sauf me suicider]. J'ai toujours pensé que la famille était ce qu'il y avait de plus important. Je ne le pense plus aujourd'hui, mais je le pensais à ce *moment-là. Et quand je ne l'ai plus pensé, quand j'ai su que mes parents n'avaient rien à faire de moi, j'ai cru que tous mes amis avaient une famille où aller et pas moi. Ils vont tous à l'école et pas moi. Tous reçoivent une bonne éducation et pas moi. On m'avait chassée. J'avais l'impression d'avoir été chassée de partout. Je me disais que je ne manquerais à personne.»*

Bien que certains et certaines parmi vous aient eu de graves problèmes très jeunes, à six ou dix ans, la plupart d'entre vous ont connu le désespoir vers l'âge de treize ans. Vous aviez peu, ou pas, d'expérience pour résoudre les problèmes. Vous ne pouviez pas savoir comment régler les problèmes, sauf si vos parents avaient pris le temps de vous le montrer. Vous saviez que les autres semblaient se débrouiller, alors vous examiniez vos camarades et essayiez leurs solutions. Parfois, cela ne marchait pas. Vous lisiez et essayiez une solution que vous aviez trouvée dans un livre. Parfois, pas souvent, mais cela est arrivé, vous demandiez de l'aide à un conseiller. Mais, la plupart du temps, vous essayiez de vous en sortir tout seuls. Et vous faisiez des erreurs, quelquefois des erreurs humiliantes et douloureuses. Certains parents vous ont dit: «*Tu en sortiras grandi.*» Vous aviez l'impression qu'ils ne comprenaient pas, parce que ce n'était pas eux qui souffraient.

Il existe des adolescents qui ne sont pas anéantis par la souffrance. Vous regardez autour de vous et vous voyez que certains adolescents ne comprennent pas pourquoi *quelqu'un* pourrait vouloir se suicider. Nous sommes très différents les uns des autres. Certaines personnes peuvent porter une veste pendant une chaude journée sans que la chaleur ne les incommode. D'autres viennent à l'école sans veste par un jour glacial parce que le froid ne les incommode pas. Tout le monde est sensible à la chaleur et au froid, mais il y en a qui y sont plus sensibles que d'autres. Tout le monde est sensible à la souffrance, à la critique, à la déchéance, mais certains d'entre vous plus que d'autres. Certains peuvent oublier leurs erreurs, en tirer une leçon et continuer. D'autres pensent que leurs erreurs sont un poids énorme, ruminent et se demandent à quel point ils sont faibles, inaptes à vivre en société et inintéressants. Vous avez besoin d'une vie émotive stable qui vous fasse vous sentir en sécurité. Vous avez besoin d'être entourés de personnes qui vous approuvent. Si vous n'avez pas tout ça, vous n'êtes plus dans la course et vous souffrez. Vous êtes souvent particulièrement sensibles à la vie émotive de vos familles. Et vous vous sentez responsables de vos familles.

Parfois, vous pensiez que vous deviez contrôler la famille.

Robert avait dix-huit ans, des yeux foncés au regard intelligent, des cheveux bruns et de larges épaules. Il doit avoir bon caractère, car je l'ai fait attendre une heure la première fois que nous devions nous rencontrer; je n'ai pas trouvé le bon restaurant. Nous avons essayé de nouveau deux semaines plus tard. J'ai eu plus de chance cette fois-là et Robert m'a accordé deux heures et demie de son temps. Il vivait chez ses parents avec son frère et il travaillait comme acteur et producteur dans une petite compagnie de production ambitieuse. Il ne se sentait pas apprécié à la maison, mais il ne pouvait pas partir parce que son père lui empruntait sans arrêt de l'argent, si bien qu'il n'avait pas d'économies. Robert continuait à lui prêter de l'argent. Il semblait comprendre quels étaient ses problèmes.

Il avait essayé de trouver de l'aide pour sa famille. «*Mes parents m'ont proposé d'aller chez un psychiatre, mais c'était davantage pour soulager leur conscience que pour autre chose. Je leur ai dit: "Écoutez, vous vous disputez tout le temps, toutes les heures. Allons tous chez un conseiller." Nous y sommes donc allés une fois. Mon père n'est pas le type de personne à changer, mais il est venu avec nous. Je sais que mes parents jouent avec moi. Je suis toujours le méchant. Ma mère dit: "Ton père ne veut pas que tu fasses ça." Mon père dit: "Ta mère ne veut pas que tu fasses ça." Puis ils ajoutent: "Eh bien, qui crois-tu?" En fait je ne crois ni l'un ni l'autre. Ils sont fâchés après moi et tout recommence. Nous sommes allés quelques fois chez le psychiatre et nous avons arrêté. Mon père m'a dit que ma mère ne voulait plus y aller et ma mère m'a dit que mon père ne voulait plus y aller. Mon père a dit que c'était de ma faute, de la faute des enfants. Je sais que ce n'est pas vrai.*»

Leslie pensait avoir beaucoup de contrôle sur sa famille. «*Si mon père m'accordait un peu d'attention, ma mère se fâchait. Elle jetait des objets et toute sorte de choses. Je partais et ils commençaient à se battre. Alors, je ne voulais pas partir et ils commençaient à se disputer avec moi. J'avais très envie de partir, mais je me disais: "Je ne peux pas partir. Si je pars, ils vont se battre." Je me sentais très responsable. J'avais l'impression de tout contrôler dans la famille. Je me sentais vieille. Je me demandais comment ils pouvaient tant manquer de maturité. J'avais l'impression d'être à la fois la mère et le père et que c'était eux les enfants.»* Leslie avait douze ans. *«Je pensais qu'ils auraient dû s'inquiéter d'autre chose puisqu'ils s'inquiétaient de moi. Ne pas penser qu'à eux. Parfois ils se mettaient tous les deux contre moi au lieu de se disputer entre eux. Ça faisait mal, mais ça marchait.»*

Parfois, les enfants comprennent les problèmes de leur famille. Plus souvent, vous sentez seulement que quelque chose ne va pas, ou que rien ne va, mais vous ne savez pas quoi. Il vous arrive de penser que c'est vous la cause des problèmes.

Les personnes les plus créatives au monde sont souvent d'une très grande sensibilité à la souffrance. Elles n'ont pas moins de valeur et elles ne sont pas moins admirables pour autant. C'est cette sensibilité qui leur permet de communiquer au moyen de l'écriture, de la peinture et de la poésie. C'est aussi cette sensibilité qui les bouleverse, les décourage et les blesse.

Suzanne m'a dit: *«Je n'avais pas l'impression d'appartenir à ma famille. J'étais tellement différente des autres.»*

31

Tanya m'a dit: «*La réalité exige que vous soyez forte et équilibrée. Mais je ne le suis pas. Des choses me touchent alors qu'elles ne touchent pas beaucoup les autres. J'interprète les choses différemment. Ce n'est pas que je n'aime pas la vie. La vie est... formidable. Regardez tout ça.* (Nous étions assises dans un parc, entourées d'enfants et de promeneurs.) *Regardez comme ces gens sont heureux. Si je pouvais être heureuse comme eux, je voudrais être ici. Mais, je ne suis pas heureuse.*»

Même si vous avez essayé de vous suicider, vous n'êtes pas tous d'une grande sensibilité à la souffrance. Votre vulnérabilité n'est pas à l'origine de vos problèmes. Vos problèmes proviennent du nombre et du type de difficultés que vous avez eues. Certains d'entre vous ont dû faire face à des difficultés si nombreuses dans un laps de temps si court que rares sont les personnes qui auraient pu les surmonter sans aide. D'autres ont eu des difficultés quand tout allait de travers dans leur vie. Habituellement, vous régliez vos problèmes, mais cette fois, subir une autre perte était au-dessus de vos forces.

Trop de rejet et de critique accompagnés de problèmes de plus en plus nombreux à l'école vous ont poussés à trouver une porte de sortie. Pour beaucoup d'entre vous, cela a été le suicide.

Un garçon de dix-huit ans m'a dit: «*C'est la pression à la maison.*»

MOI: Qu'est-ce que la pression pour toi?

32

«Les dénigrements perpétuels. Les disputes per-pétuelles. Tu sais que tu as fait quelque chose de mal. Et les gens insistent, ils te répètent que tu as mal fait. Tu le sais, mais ils continuent à insister. Ils me disent sans cesse que je ne suis pas assez bon. Un membre de la famille commence à s'en prendre à moi, un autre s'y met aussi et dit: "Eh bien, tu as fait ça de mal." Il n'y a jamais de véritable communication. Si je commence à expliquer pourquoi je l'ai fait, ils disent: "Je ne veux pas en entendre parler."»

Teresa a essayé de se suicider à plusieurs reprises. Elle m'a parlé dans la salle de jeux située au sous-sol de la maison du père de son petit ami. Elle vivait là depuis qu'elle avait quitté ses parents, trois mois plus tôt. Le soleil faisait ressortir les tons rouges et bruns de la pièce et en faisait un endroit très chaleureux et confortable pour se rencontrer. Teresa était une jeune femme blonde, énergique et déterminée. Elle avait dû se battre très fort pour être aimée et acceptée. Elle n'avait pas été acceptée chez ses parents. Elle m'a dit: *«J'étais arrivée à un stade où je ne voulais plus être avec eux. Ils disaient tout de travers. Je ne pouvais pas demander à ma mère de me parler. Je ne pouvais pas lui demander de me parler de sexualité. C'était un mot tabou. Et je ne pouvais pas le lui dire. Elle s'acharnait tout le temps sur moi, je ne pouvais jamais lui parler.»*

Beth avait vécu avec des parents intelligents et aisés. Elle essayait tout le temps de répondre aux attentes élevées de ses parents. *«Quand j'ai essayé*

33

de me suicider, je voulais seulement dormir. Je ne voulais plus m'inquiéter de répondre ou non à leurs attentes. C'était la chose la plus simple à faire. J'avais plusieurs choix. Je pouvais me sauver. Je pouvais rester et me battre avec mes parents, ou faire ce qu'ils attendaient de moi. Mais ça aurait été difficile. Le suicide était un moyen de se défiler. C'était plus facile.»

Je ne sais pas si Beth a choisi le suicide parce que c'était plus "facile", ou parce qu'elle était convaincue qu'elle ne pourrait pas affronter les autres choix qui s'offraient à elle.

Jake et moi avons pris les deux derniers sièges libres au premier étage du McDonald. Jake n'était pas certain de la raison pour laquelle le suicide lui était apparu comme une porte de sortie. *«Je ne sais pas. C'est seulement parce que je me sentais très seul que j'y ai pensé. Je travaille beaucoup* (il a deux emplois)*, soixante heures par semaine... Je rentre à la maison et je ne dors pas beaucoup. Je déteste mes emplois. Je me sens si seul. Et je me demande si ça vaut la peine de vivre. Il n'y a pas beaucoup de bonheur dans cette vie.»*

Vous avez été trente adolescents et adolescentes à me parler des raisons qui vous ont poussés au suicide. Généralement, vous vous sentiez isolés de vos familles et de vos amis. Vous vous sentiez submergés par vos problèmes et incapables d'y faire face ou de changer votre vie. Vous n'aviez pas tous l'impression que vos familles ne vous aimaient pas. Mais pour la plupart, vous aviez l'impression de ne pas pouvoir parler à votre famille, ou à qui que ce soit.

Pourquoi avez-vous essayé de vous suicider?

Pour attirer l'attention? Ou vouliez-vous vraiment mourir?

Je ne pense pas que la deuxième raison soit plus valable que la première. Elles sont toutes les deux importantes. Si vous êtes assez désespérés pour risquer de mourir afin d'obtenir de l'aide, vous désirez probablement fuir la souffrance dans le suicide. Des psychiatres m'ont dit que la plupart des gens ne veulent pas mourir; ils veulent que leur vie change et sont désespérés de ne pouvoir la changer.

Parfois, lorsque vous avez essayé de vous suicider, vous ne vouliez pas réellement mourir. Parfois, vous le vouliez. Cela n'a pas toujours été évident pour vos parents, vos professeurs, le personnel de l'hôpital ou les personnes qui avaient de l'affection pour vous.

Chaque fois que quelqu'un essaie de mourir, nous devrions prendre cette personne au sérieux. Vous m'avez parlé de vos tentatives de suicide. Joyce m'a dit: *«Je voulais seulement me venger de mes parents.»* Elle a quand même pris un flacon d'aspirines. Cela aurait pu la tuer.

Gail m'a déclaré: *«Je voulais vraiment en finir»*; elle avait avalé une bouteille d'antibiotiques qui était à portée de sa main. Il était peu probable qu'elle meure, sauf si elle était allergique à cet antibiotique, mais elle ne le savait pas. Il est donc difficile de faire la différence entre ce que vous vouliez faire et ce que vous avez vraiment fait. Peut-être ne saviez-vous pas combien de cachets vous deviez avaler pour mourir. Nous devrions prendre toutes les tentatives de suicide au sérieux. Toutes méritent que nous y prêtions attention. Vous êtes tous trop précieux pour que nous vous ignorions. Aucune tentative de suicide ne doit être prise à la légère. Toute personne qui essaie de se suicider peut mourir, peut-être pas cette fois-ci mais peut-être la prochaine fois. Quiconque essaie de se suicider devrait considérer cette tentative comme un besoin impérieux de changer de vie; les tentatives de suicide de nos amis devraient nous apparaître comme un appel au secours.

Qu'est-ce qui a provoqué votre tentative de suicide? Beaucoup de choses. Dans le cas de Leslie, une visite chez la conseillère d'orientation a été la goutte d'eau qui a fait déborder le vase. «*Je suis allée voir la conseillère d'orientation. Elle a commencé à parler de mes mauvaises notes, de mes absences. "Avant que tu parles... tu as été absente tant de fois." Des réprimandes ont suivi. J'ai commencé à pleurer. Elle m'a dit: "N'essaie pas de me manipuler avec tes larmes."*» Leslie a quitté le bureau de cette conseillère d'orientation sans lui dire ce qui n'allait pas.

Pour Robert: «*Un ensemble d'évènements m'ont conduit au suicide. Une chose après l'autre, un déferlement d'évènements. Je sortais avec une fille depuis quelque temps et elle m'a invité à lui*

36

rendre visite dans la résidence d'été de ses parents sur l'île. Je lui ai demandé si je pouvais amener un ami. Mon ami m'a donc accompagné. Nous avons passé une bonne journée, mais elle n'a pas arrêté de flirter avec mon ami. Puis, elle nous a demandé de rester à dormir. Nous avions manqué le dernier traversier. Les choses sont allées de plus en plus loin entre eux et il est arrivé ce qui devait arriver... Ça a été difficile... J'avais quinze ans.

«Mais je pense que ce qui m'a le plus blessé c'est que mon ami n'a pas essayé de l'arrêter. Il a continué, puis tous les deux se sont excusés. "C'est arrivé comme ça." J'étais humilié. Je leur ai demandé: "Parlons-en un petit peu." Leur réponse a été: "J'en avais envie et lui aussi, c'est tout." J'étais supposé prendre les choses comme ça. C'est ce qui a vraiment déclenché mon envie de me suicider. Le jour suivant, j'ai vidé une bouteille d'aspirines pendant mon voyage de retour sur le traversier.»

Les évènements qui ont déclenché vos tentatives de suicide faisaient généralement suite à des mois, parfois des années, de tristesse, de frustration et peut-être de dépression. Très souvent, une perte a déclenché ces sentiments de tristesse et de dépression. Il pouvait s'agir de la mort de votre mère, de la mort d'un animal familier, d'un changement d'école, de l'incapacité à faire partie de l'équipe de course sur piste, d'un B à la place d'un A en mathématiques. Ce n'est pas tellement la perte qui a fait que vous vous sentiez impuissants et désespérés, mais plutôt comment vous avez ressenti cette perte. Parfois, vous saviez que vous étiez très malheureux. Mais parfois, vous ne saviez pas à quel point vous étiez malheureux jusqu'à ce que vous réalisiez brutalement que vous vouliez désespérément arrêter de vivre. Très souvent, une perte avait déclenché votre désespoir. Vous aviez l'impression de ne pas avoir de véritable ami, une personne qui puisse vous aider, quelqu'un à qui parler. Tout à coup, c'était trop.

2

Qui essaie de se suicider?

Le suicide est un problème de plus en plus important chez les jeunes de quinze à dix-neuf ans. Au Canada, le taux de suicide chez les garçons âgés de quinze à dix-neuf ans est cinq fois plus élevé qu'en 1965. En ce qui concerne les filles du même âge, il est deux fois et demi plus élevé qu'en 1965. Aux États-Unis, le taux de suicide chez les garçons âgés de quinze à dix-neuf ans est trois fois supérieur à celui de 1967, et deux fois et demi chez les filles du même âge.

Cela est dû en partie au fait que davantage d'adolescents essaient de se suicider et en partie au fait que la société reconnaît un plus grand nombre de décès comme des suicides et non comme des "accidents". Actuellement le taux de suicide chez les jeunes n'augmente pas d'année en année, mais demeure à un niveau élevé.

Alors que les garçons sont plus nombreux dans ce groupe d'âge à réussir leur suicide (au Canada, 9,3 pour 100 000, et 3,8 pour 100 000 chez les filles), les filles sont plus nombreuses à *essayer* de se suicider (822,9 pour 100 000, et 352,5 pour 100 000 chez les garçons).

Chez les Autochtones, il y a cinq à six fois plus d'adolescents qui meurent suite à un suicide que chez les non Autochtones. Ils ont en commun certains sentiments avec les adolescents non autochtones mais ont aussi une perspective qui leur est propre. Ils vivent souvent dans un monde rempli de préjugés où les opportunités de réussite sont rares, ce qui leur donne une vision sombre de leur avenir.

Les adolescents gays et les adolescentes lesbiennes ont aussi une vision sombre de leur avenir. Ils et elles sont victimes de préjugés, d'harcèlement, d'humiliation et de rejet de la part de leur société et de leur famille. Une étude réalisée au Massachusetts (États-Unis) a démontré que trente pour cent des adolescents gays et des adolescentes lesbiennes mouraient en se suicidant. Même si cette étude est fausse et si le taux n'est pas si élevé, c'est toujours trop élevé.

Les statistiques ne tiennent compte que des adolescents et adolescentes qui ont signalé leurs tentatives de suicide, ou qui ont été remarqués ou aidés. De nombreuses tentatives de suicide ne sont jamais signalées. Un pourcentage important des adolescents songent au suicide et nombreux sont ceux qui passent à l'acte. Certains d'entre vous m'ont dit que j'étais la seule à le savoir. Vous n'êtes pas inclus dans ces statistiques. Vos amis n'y sont probablement pas inclus. Il doit y avoir énormément d'adolescents et adolescentes qui ne le disent jamais à personne.

Les statistiques me rappellent un conte populaire dans lequel le comptable de la Cour est assis sur un mur et regarde le géant se promener dans la ville. Son travail consiste à compter les corps qui gisent sur le sol une fois que le géant est passé. Bien qu'il soit intéressant de savoir combien de personnes sont mortes, pas grand-chose est fait pour arrêter le géant. Peut-être que comprendre pourquoi des adolescents et adolescentes essaient de se suicider aidera à éviter des morts dans le futur.

J'ai voyagé dans tout le Canada pour découvrir ce qui se passe dans le monde des adolescents. J'ai rencontré des adolescents et adolescentes à Vancouver, Calgary, Winnipeg, Toronto et Halifax. J'ai fait paraître des annonces dans la section "personnel" ou "informations recherchées" des journaux en pensant que les jeunes les liraient. Dans la plupart des journaux, l'annonce disait:

LE SUICIDE
CHEZ LES ADOLESCENTS ET ADOLESCENTES
Écrivain voudrait interviewer des jeunes,
garçons et filles, âgés de 15 à 19 ans
pour écrire un livre destiné aux ados.
Veuillez téléphoner au xxx-xxxx.

Vous avez appelé à une permanence téléphonique et vous avez laissé votre nom et votre numéro de téléphone. J'ai essayé de rappeler tout le monde et de fixer un rendez-vous pour vous rencontrer. Je

41

me demandais si tous les jeunes qui ont essayé de se suicider ont la même personnalité. Eh bien, non. Mais vous avez certaines idées en commun.

Rena, quinze ans, était étudiante en troisième année du secondaire; elle vivait chez ses parents et désirait aider les autres adolescents qui songeaient au suicide. Elle avait les cheveux auburn, les yeux bruns et un visage de lutin. C'était une bonne étudiante et elle avait des parents qui l'aimaient, mais qui avaient ignoré ses problèmes lorsqu'ils avaient changé de quartier. Elle avait été abusée sexuellement à l'âge de huit ans par le frère d'une de ses amies. Il lui avait dit que c'était de sa faute, que tous les hommes la traiteraient comme ça, qu'elle poussait les garçons à ça parce qu'elle était belle. À l'âge de la puberté, Rena fut troublée par son apparence physique et bouleversée par leur déménagement. Elle dut se faire de nouveaux amis. Et à sa nouvelle école, on l'accusa d'être lesbienne. Rena ne savait pas pourquoi les autres filles avaient fait courir cette rumeur. Elle savait seulement que cela l'isolait et lui rendait la vie très difficile. Elle ne savait pas où trouver de l'aide, alors elle essaya de se suicider. Généralement, sa famille l'aimait et l'approuvait mais, cette fois, ses parents l'ignorèrent temporairement, absorbés par leurs propres problèmes.

Bruce, âgé aujourd'hui de vingt-quatre ans, était habituellement ignoré et rejeté. Il m'a parlé de sa vie dans les rues de Vancouver. Il a vécu dans la rue de l'âge de dix ans à dix-huit ans, puis il est allé en prison. Il est allé dans tous les centres de détention pour mineurs de la région et a terminé par trois ans de prison. Bruce devait survivre dans une famille qui se battait tout le temps, son père était parti quand il était tout jeune mais se servait toujours de Bruce pour se venger de son ex-femme, et sa mère l'utilisait pour faire mal à son ex-mari. Il les quitta tous les deux pour "vivre sa vie", dans la rue.

Colleen fut conduite en voiture par sa mère au Burger King où nous avions rendez-vous. Colleen essayait de faire face à des parents qui s'occupaient d'elle, mais ne lui laissaient pas la moindre chance de prendre ses propres décisions. Elle avait l'impression d'étouffer sous leurs attentions. Elle avait fait une tentative de suicide. Sa mère avait pris cette tentative très au sérieux et avait passé des heures à l'écouter et à parler avec elle. Colleen était l'une des rares parmi les adolescentes et adolescents auxquels j'ai parlé à avoir l'impression que ses parents, tout au moins sa mère, avaient de l'affection pour elle.

Certains jeunes vivaient avec un seul de leurs parents et n'avaient ni frère ni sœur. D'autres avaient des frères, des sœurs et des parents, mais pensaient que personne n'avait de l'affection pour eux. Certains avaient des parents alcooliques, toxicomanes, bourreaux de travail; d'autres parents semblaient ordinaires, respectables et honnêtes. Certains parents étaient professeurs d'université, d'autres vivaient de l'aide sociale et n'avaient pas de métier. Le fait que les parents travaillent à l'extérieur ou non, que leur travail les éloigne pour plusieurs jours ou qu'ils rentrent à la maison tous les soirs ne semblait pas influer sur le temps qu'ils passaient avec leurs enfants. Tout au moins, je n'ai pas vu ces tendances chez les jeunes que j'ai rencontrés.

Vous alliez pour la plupart à l'école secondaire, certains d'entre vous avaient un travail, généralement mal payé; vous étiez serveurs, faisiez la vaisselle dans les restaurants, étiez comédiens. Bruce, le plus âgé avec ses vingt-quatre ans, avait un emploi stable dans un entrepôt. Jake avait deux emplois, plus son travail de batteur dans un groupe rock. Robert travaillait comme acteur et producteur. Leslie aimait son travail bénévole dans une compagnie de théâtre et Helen aimait son travail dans un *fast-food*.

Je vous ai questionnés sur la manière dont vous viviez. Vous viviez pour la plupart chez vos parents. Parfois, vous étiez encore à l'école secondaire et chez vos parents, parfois vous étiez chez vos parents parce que vous n'aviez pas les moyens de déménager. Quatre d'entre vous vivaient dans des foyers d'accueil, mais avaient des liens émotifs avec leur famille d'origine. Deux vivaient avec leurs petits amis, mais disaient que c'était leur famille qui avait le plus d'influence sur leur vie. Neuf avaient leur appartement, mais pensaient que l'opinion de leurs parents était très importante.

Mike m'a parlé de ses efforts pour faire partie de sa famille tout en étant indépendant et en prenant ses propres décisions.

Il était grand, brun et avait un fard foncé pour faire ressortir ses yeux bruns. Ses cheveux bruns étaient coiffés à la punk et se dressaient vingt centimètres au-dessus de sa tête. Une boucle de cheveux descendait entre ses yeux et s'arrêtait juste au-dessus de sa bouche. Pendant quelques minutes, cette mèche de cheveux qui se balançait devant moi m'empêcha de me concentrer. Puis j'arrêtai de la voir quand nous fûmes absorbés par notre conversation. Il portait une croix à une oreille et d'autres boucles d'oreille et, bien évidemment, il était vêtu de noir. C'était une personne impressionnante et spectaculaire. Il avait un merveilleux sens de l'humour et était très chaleureux.

Il se disputait constamment avec ses parents.

«Ma mère pense que nous nous entendons très bien, mais je pense que nous ne nous entendons pas du tout. Je ne pouvais pas lui parler. Je ne pouvais pas lui parler de mes problèmes. Mon père est différent, nous ne nous entendons pas du tout. Ils pensent qu'ils sont ouverts au dialogue, mais ce n'est pas vrai. Mes parents m'ont téléphoné dimanche (Mike avait déménagé de chez ses parents un mois et demi avant notre entrevue) *pour crier après moi à cause de mon bulletin scolaire. Ils m'ont toujours poussé à avoir de très bonnes notes à l'école. J'aurais pu, si j'avais vraiment essayé, mais je n'ai jamais essayé. Je n'ai jamais fait de gros efforts et ils étaient toujours très fâchés contre moi, alors ils me punissaient. Par exemple, je vivais isolé de tout* (à la campagne) *et ils m'ont enlevé la voiture. C'était ce qu'ils pouvaient faire de pire. Je m'enfer-*

45

mais à clé dans ma chambre et je pensais à tout ça. Ça n'avait aucun sens.»

MOI: Si tes parents étaient prêts à parler avec toi, tu devais avoir une raison pour ne pas leur parler.

«Ils répétaient tout à leurs amis. C'est une des raisons pour lesquelles j'ai arrêté de leur parler. Je ne pouvais pas leur faire confiance. Mes parents s'imaginent que nous sommes très très proches, pourtant ce n'est pas ce que je pense. À une époque, j'ai été proche de ma mère, mais jamais de mon père. Mon père est le type de bonhomme qui... J'aime le baseball. Quand j'étais enfant, j'aimais jouer au baseball. Mais nous vivions dans une ferme et il n'y avait pas d'enfants aux alentours, j'étais toujours tout seul. Mon père rentrait à la maison la fin de semaine. J'allais le voir et je lui demandais s'il voulait jouer avec moi. Il me disait non, il voulait dormir. Il ne jouait jamais avec moi. Jamais. À la télévision, on voit toujours le père modèle avec ses enfants. Alors je ne comprenais pas pourquoi il ne voulait pas.»

MOI: Pensais-tu que c'était de ta faute?

«Oui, tout à fait. Nous n'avons jamais été proches, mais mes parents pensent toujours que nous devrions parler. Comme si je voulais leur ouvrir mon cœur. Je ne peux pas. Je refuse parce que je n'ai pas confiance en eux.»

Helen n'avait pas l'extravagance de Mike, ni son agressivité face à la vie. Elle était tranquille, soumise. Nous avons pris un café dans un centre

46

commercial. Elle avait dix-neuf ans et travaillait comme chef d'équipe dans un *fast-food*. Elle aimait son travail et pensait qu'on l'appréciait à son travail. Elle vivait chez sa mère et son père. Elle s'est toujours sentie étrangère. *«Depuis toute petite, je me suis toujours sentie solitaire. Je n'ai jamais vraiment eu d'amis. Je n'ai jamais parlé à mes parents. Je ne peux parler de rien avec ma mère.»* Elle espère acquérir peu à peu une meilleure estime d'elle-même pour arriver à faire ses propres choix et à avoir une plus grande indépendance de pensée. Pour le moment, elle se sent écrasée et agressée par sa famille et son groupe social.

J'ai été surprise de voir le peu d'intimité dont vous jouissiez dans vos familles. La plupart d'entre vous semblaient vivre dans un monde de relations superficielles, où l'affection se manifeste par des critiques constantes. Les parents exigent que vous ayez de meilleures notes à l'école, des habits différents, des amis différents et que vous écoutiez une musique différente. Le message qui vous est adressé est: quoique vous soyez, ce n'est pas suffisant. Certains d'entre vous m'ont relaté que leurs parents leur disaient qu'ils les critiquaient parce qu'ils les aimaient, mais ils ne les croyaient pas. Quelques-uns d'entre vous pensaient que leurs parents avaient des idées bizarres. Pour la plupart, vous pensiez que vous étiez des enfants de deuxième classe. Vous ne pensiez pas que vous pourriez vous asseoir et parler de vos problèmes à vos parents, ou à l'un de vos parents.

Vous pensiez que cela ne ferait que les encourager à vous critiquer davantage.

À quoi sert un conseiller? Eh bien, parfois à rien du tout. Mais parfois, un conseiller peut être d'une aide considérable. Quatre d'entre vous recevaient des soins psychiatriques et se débrouillaient avec des médicaments et l'aide de conseillers. Plus de la moitié d'entre vous avaient essayé de parler à un conseiller après leur tentative de suicide et n'avaient *pas* reçu d'aide. Vous aviez eu de merveilleux conseils du genre «*Tu veux seulement attirer l'attention*», «*Comment as-tu pu faire ça à tes parents?*», ou encore «*C'est mal de se suicider, et tu ne devrais pas le faire*». Ces conseils n'étaient pas nouveaux pour vous et ils ne vous apportaient absolument rien. Sept d'entre vous ont reçu de l'aide d'un conseiller. Vous êtes allés voir quelqu'un, vos parents vous ont emmenés voir quelqu'un, l'hôpital vous a recommandé quelqu'un, ou bien vous avez téléphoné à un centre d'aide pour les jeunes en crise afin de demander de l'aide et vous avez obtenu de l'aide. Pour six d'entre vous, j'étais la première personne à qui vous ayiez confié avoir essayé de vous suicider, et vous n'aviez jamais demandé d'aide à qui que ce soit.

Je vous ai demandé si vous aviez appelé un centre d'aide pour les jeunes en crise, un centre d'aide pour les jeunes en détresse ou Tel-Aide. Pour la plupart, vous m'avez répondu non. Vous ne connaissiez pas ces services et vous ne l'auriez pas fait parce que vous pensiez que c'était trop impersonnel, que vous ne pourriez rien dire au téléphone à un étranger; vous ne pensiez pas que cela intéresserait vraiment quelqu'un, ou bien vous n'avez simplement pas pensé à le faire.

L'adolescente que j'ai rencontrée lors de ma troisième entrevue m'a conseillé de demander à tous les jeunes que j'allais interroger s'ils avaient été abusés sexuellement. J'ai essayé de ne pas oublier. Les adolescents et adolescentes abusés sexuellement étaient-ils les seuls à essayer de se suicider? Eh bien, non. Six d'entre vous avaient été abusés sexuellement. Si nous considérons, qu'au Canada, c'est le cas pour une femme sur trois et un homme sur cinq, cela correspond à notre terrifiante moyenne nationale.

Vous m'avez surprise en me parlant de violence physique. C'était beaucoup plus fréquent que je ne le pensais. Vous aviez été pour la plupart battus par vos parents, jusqu'à l'âge de treize ans, voire quinze ou seize ans. Ce qui m'a réellement donné un choc, c'est que vous étiez nombreux à penser que c'était de votre faute et à l'accepter.

Beth, dix-huit ans, jolie, avec une épaisse chevelure auburn et bouclée. Sa famille vivait dans un quartier riche. Beth partageait un appartement avec son petit ami. Elle l'avait meublé avec de vieux fauteuils et de vieux sofas très confortables. Elle prépara du café dans sa minuscule cuisine bien propre et arrangée avec art. Elle avait un nouveau chaton qui ronronnait, se frottait contre nos chevilles et faisait des saletés sur le sol. Beth le mit dehors.

Elle me parla de sa famille.

«*Mon père nous faisait très peur, très très peur. Nous n'aurions jamais osé lui répondre. Et je suppose que c'est pour ça que nous ne parlions jamais. Nous avions trop peur de dire quelque chose de mal. Mais, vers l'âge de treize ans, j'ai commencé à lui répondre. J'ai eu tort.*»

MOI: Que s'est-il passé?

«*Il m'a battue. Et je l'ai battu à mon tour. Alors il m'a empoignée, nous étions dans la cuisine, il m'a soulevée et assise sur le comptoir. Je lui ai donné des coups de pied et je l'ai traité de salaud, il m'a giflée et m'a jetée par terre. J'ai cassé la chaîne que ma mère lui avait offerte et je me suis toujours sentie coupable.*

«*C'est curieux, après ma première tentative de suicide... juste avant j'avais un petit ami. C'était mon premier ami et mon premier amoureux. Il m'avait giflée. J'avais l'habitude. Ma mère était très abusive, alors j'avais l'habitude. Et il m'avait violée très souvent. Mais je pensais que c'était normal, il était mon petit ami, il était excité ou quelque chose comme ça. Et c'était de ma faute. Avant d'aller à l'hôpital, je n'avais pas réalisé à quel point ça me faisait me sentir mal. Mais ils m'ont aidée à le réaliser. Un viol est un viol. Peu importe si c'est votre petit ami ou pas. J'attire les hommes qui me battent.*»

Bruce, qui avait grandi dans la rue, m'a dit: «*Je n'ai jamais été abusé quand j'étais enfant. J'ai reçu des raclées comme tout le monde. Et j'aurais* dû en recevoir bien d'autres. Croyez-moi, j'aurais dû. Je sais que j'étais un vrai démon. Je recevais des raclées parce que je mordais les gens. Quand, plus vieux, je disais à ma mère "Va te faire foutre", elle me donnait une gifle et disait: "Ne me redis jamais ça." Ça n'a fait qu'empirer. Il y avait toujours des disputes et des bagarres.»

Mais Bruce ne voyait pas qu'il avait été abusé, que la violence qui régnait dans sa famille était la cause de la violence avec laquelle il se rebellait. Il voyait seulement qu'il "méritait" d'être battu.

Tanya m'a dit qu'elle n'avait jamais été battue. «Quand j'avais trois ou quatre ans, mon père avait l'habitude de frapper ma mère. Je pense que c'est là que mes problèmes ont commencé. Il perdait le contrôle, alors je faisais comme lui. Il ne m'a jamais frappée. Il frappait ma sœur et ma mère, mais pas moi. J'étais son enfant chérie. Et peu importe ce que je faisais, j'étais punie et envoyée dans ma chambre, mais jamais battue. Je me souviens que je n'avais jamais peur d'être battue, parce que je savais que je ne serais pas battue. Mais maintenant, j'aimerais que quelqu'un me batte. Oui, je voudrais que quelqu'un me batte. Je veux qu'on me fasse mal pour payer tout ce que j'ai fait de mal. Je ne sais pas si ça a un rapport avec tout ça.»

Leslie m'a dit: «Ils (ses parents) avaient l'habitude de nous battre quand nous étions petits et nous avions beaucoup de difficultés avec ça. Ma sœur s'est enfuie.»

Mona, dix-huit ans, était indépendante, gagnait sa vie et parlait avec beaucoup d'agressivité et d'enthousiasme. Nous avons pris notre repas du midi ensemble, dans un restaurant du centre de la ville de Vancouver.

«Tu aimes ma veste?», m'a-t-elle demandé.

— *«Je la trouve magnifique.»*

— *«Je l'ai achetée avec mon argent.»*

— *«Comment te procurais-tu tes vêtements avant?»*

— *«Je les volais.»*

Elle était heureuse d'acheter ses vêtements et d'être "honnête". Mona avait eu des démêlés avec la justice pour avoir utilisé une carte de crédit volée, et elle ne voulait plus jamais revivre ça. Sa vie était différente maintenant. Elle avait trouvé un "équilibre". Elle m'a parlé de sa relation avec son père. *«S'il se met en colère, il commence à frapper. Mais il ne m'a pas battue depuis plus d'un an et demi parce que je lui ai dit: "Si tu me frappes encore, je te poursuis pour abus." J'entendais des cloches parce que mon père m'avait frappée deux fois sur la tête et je ne voulais plus jamais que ça m'arrive. Mais avant ça, il m'avait beaucoup battue. Ma mère ne me battait pas. Elle me battait quand j'étais petite. Elle me disait: "Tu es une méchante petite fille." À quatorze ans, j'ai réagi à ses coups en la frappant à mon tour. Je lui ai dit: "Tu es une méchante mère." Elle a dit à mon père: "Papa, c'est à toi de prendre la relève. Occupe-toi de la môme."»*

Amy, qui est maintenant garde-d'enfants dans une banlieue, n'a pas eu beaucoup de chance avec ses parents. «*Mon père est très violent. Il adore frapper les gens. Il sait comment faire mal. Ma mère aime crier. Nous nous battions très violemment, ma mère et moi, à coups de poing. C'était particulièrement méchant. Elle me frappait avec tout ce qui lui tombait sous la main. Si elle faisait la cuisine, elle me frappait au visage avec une spatule. À table, elle me jetais son repas en pleine figure. Une fois, elle m'a presque jetée dans les escaliers. J'en ai eu assez et je lui ai donné des coups de poing et un coup de pied aux fesses. Ça m'a fait beaucoup de bien. Jusqu'à ce que mon père rentre à la maison et me donne une raclée.*»

La plupart de vous avez été abusés verbalement. On vous criait après, on vous dénigrait, on vous critiquait, on vous disait que vous étiez incompétent, un perdant, la honte de la famille. Parfois, vos parents vous ont dit que votre naissance avait détruit la famille, qu'ils aimeraient que vous partiez. Dans de telles conditions, vous étiez nombreux à avoir une faible estime de vous-mêmes et à envisager le suicide comme moyen de quitter cet enfer pour toujours.

Vous avez essayé de vous suicider de nombreuses façons. Vous avez imité les stars de cinéma et les chanteurs rock. Vous avez essayé des moyens dont vous aviez entendu parler, que vous aviez lus ou inventés. Une fois votre décision prise, vous imaginiez de nombreuses manières de vous suicider.

Certains ont exprimé ce qu'ils ressentaient dans des poèmes. Pas tous, mais certains. Quand j'ai lu vos poèmes, j'ai vu votre colère, votre tristesse et votre détresse. Certains se sentaient encore désespérés, inutiles. D'autres avaient dépassé ce stade et se sentaient bien organisés, ambitieux et compétents. Ce n'est qu'en me parlant de votre passé que vous vous êtes souvenus de la souffrance qui avait disparue avec le temps.

J'ai rencontré trente adolescents et adolescentes. Vous ne prétendiez pas représenter qui que ce soit. Peut-être êtes-vous uniques au monde. Vous m'avez parlé de vos problèmes, de la manière dont vous avez essayé de vous suicider et des raisons qui vous ont poussés à faire cette tentative de suicide. Vous vous sentiez comme certains autres adolescents. Mais je ne peux pas savoir si ce que vous ressentiez était typique. Les adolescents qui ressentent ce que vous ressentez, peut-être sont-ils nombreux, peut-être ne le sont-ils pas. Il n'existe pas de description typique d'un adolescent (ou d'une adolescente) sur le point de se suicider, mais il existe des signes et des symptômes qui peuvent indiquer quand une personne y songe (voir le chapitre 7). Les "adolescents suicidaires" ne correspondent pas à un certain type de jeunes. Vous aviez en commun certains problèmes; ces problèmes ne conduisaient pas forcément au suicide, mais ils pouvaient y conduire. Il est donc dangereux de penser que tout le monde peut "savoir" que quelqu'un songe à se suicider. Tout le monde peut essayer de se suicider: la fille assise près de vous dans l'autobus, votre camarade au laboratoire de chimie, votre meilleur ami, vous-même.

3

Que représente votre famille pour vous?

Je montre au monde entier un visage heureux
Mon sourire est large et rayonnant,
nous sommes tous heureux
Je ne veux pas continuer, je me sens si mal
Mais mes amis sont toujours là
pour m'aider à endurer mes souffrances
Nous jouons cette comédie stupide,
nous parcourons le monde
Les gens sont-ils réels? Le saurai-je jamais?
Je frotte mes genoux et mes coudes
et me relève une fois de plus
Je m'empare de mon masque,
afin de réaliser mon crime solitaire
Je chante leurs chansons nostalgiques et souris
Cela ne va pas beaucoup mieux,
mais je ne suis que de passage.

– T.S.

Je m'attendais à rencontrer des adolescents et adolescentes qui ne partageaient pas grand-chose avec leurs parents, qui se réfugiaient auprès de leurs amis et passaient peu de temps à la maison. Je m'attendais à ce que vous me disiez que vos parents étaient plutôt gentils, mais vieux et en dehors du coup.

Vous m'avez dit que vos parents étaient plus importants que n'importe qui d'autre, qu'ils étaient les personnes qui avaient le plus d'influence sur vous. Même quand vous ne viviez plus chez vos parents, quand vous étiez heureux et aviez une nouvelle relation amoureuse, vous considériez qu'ils exerçaient une forte influence sur vous. Ils étaient importants.

Réfléchir à la manière dont cela influence votre vie pourrait vous aider. Vos parents, leurs opinions, leur approbation et leur soutien sont importants pour vous. Vous considérez votre mère et votre père individuellement et non comme une équipe. Vous considérez vos relations avec votre mère et celles avec votre père séparément. Si vous connaissez vos deux parents et même si vous vivez avec vos deux parents, vous pensez que votre relation avec votre mère est une chose et votre relation avec votre père une autre.

Je ne sais pas pourquoi je m'étais attendue à ce que votre relation avec votre mère soit la plus importante. Je pensais que l'appui et l'amour, ou le manque d'amour, de votre mère seraient les éléments les plus importants de votre vie. Mais, parmi les trente adolescents et adolescentes que j'ai rencontrés, vingt-sept m'ont dit avoir des difficultés avec leur père. Ils lui accordaient une note comprise entre quatre et moins cinq sur une échelle de un à dix où dix était le maximum. Après ma onzième entrevue, quand je vous ai demandé de donner une note à votre mère (sur une échelle de un à dix), je m'attendais à des notes allant de quatre à neuf. Je ne m'étais pas trompée. Quand je posais la même question pour votre père, je m'attendais à une remarque comme *«Oh, lui! Peut-être deux.»* Même lorsque votre relation avec votre mère était mauvaise, vous sembliez davantage gênés ou dérangés par votre mauvaise relation avec votre père.

Pourquoi les pères sont-ils si importants? La plupart d'entre vous m'ont dit rechercher l'approbation de leur père, ne jamais rien faire d'assez bien pour lui. Filles et garçons partageaient ce sentiment. La mauvaise opinion de leur père démoralisaient autant les filles que les garçons. Si votre mère vous aimait et vous soutenait, cela vous aidait, mais cela ne compensait pas le manque d'amour et de soutien de la part de votre père.

Cela ne signifie pas que votre père soit responsable de vos tentatives de suicide. Vous êtes responsables de vos réactions face à la vie et aux problèmes de la vie, et c'est vous qui en avez le contrôle. Vous n'êtes pas une mauvaise herbe qui penche à la moindre vague et meurt sous le flot des évènements naturels et incontrôlables. Vous avez plus de contrôle que ça sur la vie. Mais certaines situations sont très difficiles pour vous. Un père qui ne croit pas en vous vous rend la vie plus difficile qu'un père qui croit en vous.

Certains d'entre vous pensaient qu'ils méritaient ce mauvais traitement de la part de leur père. Vous aviez l'impression de ne pas être quelqu'un de bien, de ne pas bien travailler à l'école, de ne pas avoir réussi grand-chose. Certains avaient dépassé ce stade et pensaient qu'ils étaient quelqu'un de "bien", qu'ils avaient des dons et des capacités. Et vous ressentiez de l'indignation face à la souffrance que vous avait fait endurer votre père, aux doutes, aux inquiétudes, au peu d'estime de vous-mêmes que vous aviez connus pendant des années parce que, lorsque vous étiez en pleine adolescence, vous aviez cru votre père. Vous ne valiez rien. Certains d'entre vous sont parvenus à une certaine tolérance face à l'attitude de leur père. Parfois, avec le temps, votre père a changé.

Il m'a été très pénible d'écouter comment votre père vous traitait. Mon père ne m'a pas toujours comprise, mais il s'occupait de moi, et il pensait que j'étais intelligente, sympathique, quelque peu imprévisible, mais une gentille petite fille. Ce n'est qu'à vingt ans que j'ai réalisé que chacun de ses enfants (nous étions six) pensait qu'il était le préféré de papa. Pourquoi tant d'hommes ont-ils tant de difficulté à traiter leurs enfants avec respect? Aucun de vous ne "méritait" le traitement qui lui a été réservé. Parmi les trente jeunes que j'ai rencontrés, vingt-sept auraient pu bénéficier d'une autre forme d'attention paternelle. Il m'était extrêmement pénible de vous écouter dire que vous étiez responsables du manque d'amour de votre père. *«Je sais que je ne suis pas très intéres-*

sante. Je sais que je ne suis pas comme il voudrait.» Cela me brisait le cœur et je savais que rien de ce que je dirais pourrait vous aider.

J'ai rencontré Helen dans un café, dans un centre commercial. Elle était pâle, effacée et parlait d'une voix douce. Elle m'a raconté sa vie. *«Depuis toute petite, mon père m'a toujours dit que je n'étais bonne à rien. Depuis toute petite, j'ai entendu "Imbécile" et des choses de ce genre. J'ai eu quelques amis qui ont essayé de se suicider et ils ont tous vécu à peu près la même chose. J'ai eu une amie que son père a traitée de salope toute sa vie. Elle a fini par croire que c'était vrai. J'ai fini par croire que je ne valais rien. Aujourd'hui, j'essaie de croire, que c'est peut-être faux. Mais c'est difficile après avoir entendu mon père me traiter comme ça pendant tant d'années.»*

Qu'est-ce que la société attend des pères? Les hommes savent-ils comment être de bons pères? Savent-ils à quel point on a besoin d'eux? On a beaucoup insisté sur le rôle de la mère, peut-être votre père a-t-il besoin qu'on lui dise qu'il est important, que vous avez besoin de lui. Il serait impossible pour la plupart d'entre vous de dire quelque chose comme ça à votre père. Votre relation est si mauvaise que vous pensez que votre père interprèterait tout signe de besoin de votre part comme une faiblesse qu'il découragerait. Certaines sociétés autochtones mettent l'accent sur l'importance des relations entre les aînés et les jeunes et entre les membres de la famille. Nous avons tous besoin de tels liens. Peut-être un conseiller, ou quelqu'un que votre père respecte, pourrait le lui dire, peut-être un autre homme, un collègue de travail, un ami, son frère, son père, quelqu'un à qui vous pourriez parler et qui pourrait parler à votre père. Les pères des adolescents gays rejettent souvent leurs fils, comme s'ils ne pouvaient pas aimer des fils qui ne sont pas comme eux. Beaucoup d'adolescents, gays ou hétérosexuels, ont l'impression de ne pas être assez bien pour leurs pères.

J'ai parlé à un conseiller dans un centre d'hébergement pour les adolescents gays et les adolescentes lesbiennes. «*Un des garçons vient d'une petite ville du nord. Il a révélé à ses parents qu'il était homosexuel. Ils lui ont dit qu'ils ne voulaient pas aimer un fils gay et ils ont fait sa valise et l'ont envoyé en ville par autobus. Il a quatorze ans.*» Ce rejet est très douloureux.

Comment pouvez-vous vous rapprocher de votre père? Nous parlons ici d'un manque de communication et de rejet. Alors, comment pouvez-vous vous rapprocher de lui? Comment pouvez-vous gagner son respect, son amour et ses encouragements?

Vous savez déjà que chaque relation est différente, qu'il n'existe pas de règle miracle pour que tout soit parfait. Mais peut-être pouvez-vous faire en sorte que les choses aillent mieux. Certains ont des pères alcooliques, bourreaux de travail, ou encore si distants qu'il leur semble impossible de leur parler. Je reconnais qu'il est extrêmement difficile de communiquer avec des pères de ce type.

Mais vous serez probablement malheureux aussi longtemps que vous n'aurez pas imaginé une relation qui marche.

Décidez ce que vous voulez. Peut-être voulez-vous un père chaleureux et amical, qui s'intéresse à ce que vous faites, qui vous écoute quand vous avez un problème et qui partage vos joies. Vous voulez un père qui vous emmènera au match de baseball, qui vous regardera vous entraîner à patiner, qui vous téléphonera quand vous serez absent de la maison. Vous voulez quelqu'un qui vous aime.

Certains d'entre vous ont d'excellentes raisons pour décider que, dans leur cas, une telle relation idéale ne marchera pas. Si votre père vous a abusés sexuellement, vous ne pouvez pas vous permettre de trop vous rapprocher physiquement. S'il vous a battus, vous ne pouvez rester près de lui quand il est en colère. S'il boit beaucoup, vous ne voulez pas être avec lui quand il est ivre. Vous devez penser à ces restrictions. Même avec des restrictions, il est possible de réussir une relation qui vous donne des satisfactions.

Décidez quel type de personne vous êtes, ce qui est important pour vous, quelles sont parmi vos caractéristiques celles que vous voulez conserver, que vous ne permettrez pas à vos parents de changer. Voyez ce que vous trouvez important chez vous et que vous ne laisserez personne changer.

Puis décidez ce que vous aimez chez votre père, quels petits changements vous pourriez apporter à la relation que vous avez avec lui. Il y a des pères tout à fait disposés à changer, qui ont eu jusqu'à maintenant une bonne relation avec vous, mais qui pour une raison ou une autre — un déménagement, un nouvel emploi, un divorce — se sont éloignés temporairement de vous émotivement. Ces pères peuvent répondre à vos demandes si vous leur parlez directement. Si vous vous asseyez avec eux et leur expliquez votre problème, ce que vous voulez d'eux, si vous leur dites combien vous avez besoin d'eux, ils peuvent faire de gros efforts pour améliorer la situation.

Mais si votre père s'est éloigné de vous depuis des années, ou se comporte brutalement (en criant, faisant constamment des critiques et des sarcasmes), il sera trop difficile de lui parler directement. Cela ne veut pas dire que *vous* ne pouvez rien changer. Quand vous procédez à des changements chez vous, vous remarquerez que cela entraîne des changements chez les personnes qui vous entourent. N'ayez pas des objectifs trop élevés. Choisissez une chose que vous voulez changer. Cela peut être aussi insignifiant que faire en sorte que votre père vous dise "Bonjour". Soyez positifs. Ne vous mettez pas en colère s'il ne réagit pas comme vous voudriez. Persévérez. C'est un projet à long terme. Cela signifie davantage de bonheur pour le restant de vos jours. Demandez à un conseiller de vous aider (je sais que tous les conseillers ne sont pas bons, mais il y en a de bons), ou à un oncle, ou encore à un adulte en qui vous avez confiance. Trouvez quelqu'un à qui parler de ce que vous essayez de faire et demandez-lui des conseils sur la façon dont vous pourriez le faire.

N'essayez pas de faire de grands changements tout de suite. Envisagez votre démarche comme un projet de deux ou trois ans et allez-y progressivement. Le fait de travailler pour changer votre relation peut suffir à vous redonner espoir.

Vous m'avez dit que votre relation avec votre père est très importante. Elle influence tout ce que vous faites.

Vos pères ne vous traitent pas tous de la même façon, mais il est possible de les regrouper dans quelques catégories. Les familles ont des comportements variés et très nombreux. Les adolescents peuvent découvrir que leur famille a inventé de nouvelles façons d'entrer en relation. Les êtres humains sont différents, les familles sont différentes; il est donc irraisonnable de penser que tout le monde adoptera ces comportements, mais certaines personnes le feront.

Votre père est peut-être absent — suite à un divorce, à l'indifférence ou à la mort. Si c'est votre cas, essayez de trouver quelqu'un — un grand-père, un oncle, un ami — qui puisse le remplacer.

Le bouc émissaire

Votre famille vous reprochait tous les problèmes auxquels elle était confrontée. Si vos parents se disputaient, c'était de votre faute. Si votre frère avait des problèmes à l'école, c'était de votre faute. Si votre famille manquait d'argent, c'était de votre faute. Pendant que votre famille vous mettait la faute sur le dos, elle ne cherchait pas la vraie rai-

son du problème. Votre père et votre mère conti-
nuaient à se quereller et ne voyaient jamais la
véritable raison de leur querelle. Vous deveniez la
cause de chaque dispute. Vous aviez l'habitude
d'être fautifs et vous vous attendiez à l'être. Au
bout d'un moment, vous avez cru que vous étiez
"prédisposés à avoir des ennuis", et que vous atti-
riez les ennuis. Vous ne saviez pas comment vous
y prendre avec les gens. Vous pensiez que vous
disiez et faisiez toujours ce qu'il ne fallait pas.
Vous avez fini par croire ce que pensait votre
famille de vous.

C'est arrivé à une de mes amies. Ses parents et
ses frères et sœurs avaient pris l'habitude de la
rendre responsable de tout. Ils étaient très gentils,
aimaient s'amuser, étaient intelligents, amicaux
et accueillants, mais ils avaient pris l'habitude de
lui faire des reproches. Cela arrive à des gens très
gentils. À l'âge de quinze ans, elle a eu un accident
et a été hospitalisée; elle est restée loin de sa
famille pendant huit mois. À l'hôpital, personne ne
lui fit de reproches. Elle réalisa qu'elle n'était pas
responsable de ce qui se passait autour d'elle, ou
très peu. Quand elle retourna dans sa famille, elle
vit ce qu'ils faisaient et curieusement, quand elle
comprit ce qui se passait, cela n'eut plus le même
effet sur elle. Elle arrêta de croire ce que disait sa
famille. Elle refusa l'opinion qu'ils avaient d'elle et
elle se libéra pour avoir une meilleure estime
d'elle-même.

Le perdant

Votre famille a décidé que vous n'alliez nulle part. D'un commun accord, ils ont décidé que vous ne réussiriez pas à l'école, que vous n'auriez jamais un travail, que vous termineriez probablement en prison et que vous n'aviez pas d'avenir. Peut-être vous ont-ils tolérés à la maison, mais ils s'attendaient à ce que vous ne leur causiez que des problèmes. Vous les avez crus, comme vous avez cru leurs reproches. Leurs prédictions se réalisaient. Étant donné que votre famille pensait que vous ne pourriez jamais rien faire, *vous* ne pensiez pas être capables de faire quelque chose. Car, si les gens qui vous connaissaient le mieux et qui étaient supposés vous aimer le plus pensaient que vous étiez un perdant, ils devaient avoir raison.

Un moyen d'en sortir consiste à avoir votre propre vie en dehors de votre famille: à l'école, dans un club, chez votre voisin, à la patinoire, dans n'importe quel endroit où vous pouvez passer beaucoup de temps et faire quelque chose de positif. Cela vous aidera à découvrir que vous avez des dons, que d'autres personnes reconnaissent vos dons, vous aiment et vous trouvent formidables.

Vous avez peut-être encore besoin de l'aide de votre famille. Peut-être devrez-vous la demander. Parfois, des années sont nécessaires pour acquérir suffisamment de confiance en soi hors de la maison familiale et être capable de tenir tête à sa famille. Mais si vous ne lui tenez pas tête, vous risquez de finir par accepter l'opinion qu'elle a de vous. Si vous acceptez l'humiliation, les gens vous

humilieront. Tenez-leur tête sur des petites choses. Ne les laissez pas vous réprimer. Il vous faudra être forts pour le faire, et peut-être ne vous
sentez-vous pas assez forts pour le moment. Parfois, vous devrez vivre loin de votre famille pendant des années pour arriver à lui tenir tête.

Le fauteur de troubles

Il était si pratique pour votre famille de vous
avoir sous la main. Elle pensait que votre seule
existence était à l'origine de ses problèmes. Des
détails devenaient de graves problèmes si vous
étiez concernés. La famille parlait de vous et de
vos difficultés comme si vous n'étiez pas là. Pour
votre famille vous étiez la cause de tous les dra-
mes. Elle ne voyait jamais sa part de responsabilité, ses attitudes. Elle ne voyait que vos erreurs.
Vous étiez stupéfaits de voir comment la vie de
tous les jours vous posait des problèmes. La
famille devait vous sauver de vous-mêmes tout le
temps. Vous vous sentiez incompétents. Ils vous
aimaient peut-être, mais ils ne croyaient pas que
vous étiez capables de prendre soin de vous ou de
résoudre vos problèmes tout seuls. Vous aviez toujours besoin de votre famille. Ils avaient besoin
que vous soyez incapables de vous en sortir pour
être votre sauveur.

Le perfectionniste

Vos parents voulaient que vous soyez un
enfant parfait. Vous aviez de bonnes notes, vous

répondiez à leurs attentes. Mais, à l'adolescence, vous aviez vos propres attentes, vos amis avaient des attentes à votre égard, vos professeurs aussi. Vous aviez l'habitude de faire plaisir à vos parents et vous essayez de faire plaisir à tout le monde. Le stress est devenu très grand.

Se détacher de ces liens

Ces comportements familiaux ne sont pas rares, et il est facile pour des parents de les adopter s'ils relâchent leur vigilance. Ce type de comportement n'affecte pas beaucoup certains enfants. Mais d'autres enfants ont de la difficulté à les vivre. Tous les parents qui adoptent un tel comportement ne sont pas cruels ou sadiques, mais certains le sont. Les parents agissent par habitude. Il faut donc que vous changiez ces habitudes pour ne plus souffrir.

Comment se sent un adolescent devant ces types de comportements familiaux? Inutile, incompétent, "mauvais", confus, malheureux et, *naturellement*, rejeté.

Leslie a été la première adolescente que j'ai rencontrée. Elle vivait avec son frère au dernier étage d'une maison appartenant à ses parents. Ses parents vivaient au-dessous. Elle était menue, vivante et désirait passionnément aider les adolescents et adolescentes qui envisageaient le suicide. Elle travaillait à une pièce de théâtre sur le suicide et était retournée à son école secondaire pour convaincre le professeur d'orientation d'inclure le suicide dans les discussions en classe. Elle a enregistré notre entrevue sur son magnétophone pendant que je l'enregistrais sur le mien.

Elle m'a dit: «*Je voyais ma famille comme un obstacle. Tout le monde était contre moi. Ils me faisaient des reproches et je ne répondais rien. Ça fait peu de temps que j'ai commencé à me défendre. Ça me faisait beaucoup souffrir de penser que ces gens étaient ma famille et qu'ils me faisaient ça. Je suppose qu'ils avaient besoin de faire sortir leur colère et ils la déversaient sur moi. Si quelque chose n'allait pas, c'était toujours de ma faute. J'ai fini par penser que je pouvais faire des "conneries" parce que, de toute façon, c'était toujours de ma faute. Je ne pouvais pas perdre le respect que je n'avais pas. Jusqu'en troisième année du secondaire, j'avais une haute estime de moi, puis c'est devenu de... la merde. Parfois je vois encore ma famille comme un obstacle, parce qu'ils leur arrivent de tous se mettre contre moi.*»

Bruce m'a dit: «*Je vivais dans un foyer dans le centre-ville. Je ne me souviens plus du nom. L'éducateur m'a vraiment aidé. Il me disait toujours de l'appeler si j'avais besoin de lui, si j'avais l'impression que j'allais faire une bêtise. Je sais que je peux avoir confiance en lui. C'est la seule personne, dans toute ma vie, qui s'est inquiétée de ce que je ressentais au plus profond de moi-même. Comment je me sentais vraiment. Il m'a fait comprendre que je pouvais prendre soin de moi. Envoie tes parents au diable. Choisis une ligne de conduite et suis-la.*»

Janet vivait chez ses grands-parents. Elle était allée camper pendant deux jours avec une amie et avait manqué notre rendez-vous. Mais elle a pu me rencontrer juste avant que je prenne mon avion. Nous nous sommes rencontrées chez McDonald, bien sûr. Elle m'a parlé de ses grands-parents.

«Ils ne m'acceptaient pas. Je n'étais pas vraiment une personne. J'étais seulement un objet. C'est comme ça que je me sentais avec eux. Je ne pouvais leur parler de rien. Ils n'ont jamais été vraiment sévères avec moi. Je n'étais pas facile et j'avais besoin qu'on me contrôle.»

L'appréciation de vos parents à votre sujet n'est pas objective et est peut-être fausse. Il se peut que votre appréciation de la relation que vous avez avec eux soit plus juste.

Vous m'avez dit que vos relations avec vos frères et sœurs étaient, selon les cas, très froides, très chaleureuses ou mitigées. Cependant, quelle que soit cette relation, cela ne semble pas avoir influé sur l'opinion que vous aviez de vous-mêmes. Vous ne croyez pas nécessairement l'opinion qu'avaient vos frères ou vos sœurs de vous, même si elle était bonne. Pourtant, je me souviens que la confiance qu'avait ma sœur en moi me donnait beaucoup de courage. Je ne suis probablement pas la seule à avoir compté sur un frère ou une sœur. Le problème semble être que vous n'aviez pas l'impression que vos frères et sœurs vous aidaient beaucoup parce que vous ne leur accordiez pas un rôle important dans votre vie. Ils souffraient peut-être du même comportement familial que vous, ou d'un autre comportement familial.

Je vous ai demandé si, dans votre famille, quelqu'un d'autre avait essayé de se suicider. Aucun de vous ne m'a dit avoir un frère ou une sœur qui s'était suicidé, mais quelques-uns m'ont dit que leur mère avait essayé de se suicider dans le passé. D'autres avaient perdu, dans leur enfance, un membre de leur famille, décédé pour d'autres causes que le suicide. Certains psychiatres considèrent que c'est un élément important dans votre propre choix du suicide — cela multiplie par six les risques de suicide — mais vous ne m'en avez rien dit. Leslie m'a dit que cela a modifié son idée de la vie après la mort. Vous ne m'avez pas dit que la mort de ces membres de la famille vous préoccupait. Vous ne m'en avez même pas parlé avant que je vous pose la question. Je ne peux donc pas savoir si une perte de ce type pendant votre enfance vous a influencés dans votre choix du suicide.

Parfois, vous pensiez que vous étiez intégrés à votre famille, que vous en faisiez partie, même si vous ne sentiez pas qu'elle avait besoin de vous. Vous étiez nombreux à avoir le sentiment que personne n'avait besoin de vous et que, si vous disparaissiez, vous ne manqueriez à aucun membre de votre famille. Vous aviez l'impression, tout comme Helen, d'essayer de ramper pour sortir du trou dans lequel vous étiez tombés. Vous aviez l'impression que le sol pourrait se refermer sur vous sans que personne ne s'aperçoive de votre disparition.

Quand je vous ai demandé à qui vous parleriez si vous envisagiez de nouveau le suicide, aucun de vous ne m'a dit qu'il parlerait à un membre de sa famille — parents, frères ou sœurs. Il est important de garder en mémoire que je n'ai interrogé que trente adolescents et adolescentes. Peut-être que si j'avais rencontré cinquante jeunes, j'aurais trouvé *quelqu'un* qui aurait parlé à un membre de sa famille. Peut-être devons-nous élargir l'idée de "famille" pour y inclure toutes les personnes qui ont de l'affection pour nous. Alors peut-être y aurait-il quelqu'un pour nous écouter dans cette "famille".

4

Que représentent vos amis pour vous ?

Les gestes de défi
Aucune confiance
en ce qui était alors
et ce qui est aujourd'hui.
Gris sombres, ils attendent leur heure
Ils prennent les rejetés
La rue, les négligés
Dans la nuit dévastée les illusions fantomatiques
Les larmes aux branches des yeux suspicieux
Toutes les émotions,
les côtés sombres de la vie ont lutté
Le temps déçoit les ardeurs,
choisit nos mauvaises pensées
Transformation, Dénouement, Situation, Animation
Les jeux destinés à foutre la merde dans nos esprits
Les monstres intrépides de notre espèce
Les changements que nous faisons,
le méchant que nous aimons
Les folies que nous avons tous commises
Personne n'a gagné.

Jeux d'esprit
– DIANA

Vos amis sont très importants. Vous parliez à vos amis et vous ne pouviez pas imaginer vivre sans amis. Vous sembliez avoir besoin d'un ami intime, d'un ami proche qui vous comprendrait, vous écouterait lui parler de vos problèmes et croirait en vous. Quelques-uns d'entre vous entretenaient une telle amitié, mais généralement vos amis n'étaient pas intimes.

Vous disiez de quelqu'un que c'était un ami, ou une amie, même si vous ne connaissiez pas bien la personne et si elle ne vous connaissait pas bien. Ces amis allaient à la même école que vous, fréquentaient le même centre commercial ou bien étaient membres des mêmes clubs ou équipes sportives que vous.

Suzanne avait quinze ans, elle était blonde et paraissait dix-sept ans. Elle m'invita dans la maison à deux étages de ses parents. Assises à la table de la salle à manger, nous limitions notre conversation à des sujets en rapport avec l'école quand son père ou sa mère entrait dans la pièce en s'excusant de nous déranger, et continuions à parler du suicide quand il ou elle quittait la pièce. Suzanne me dit qu'elle n'avait pas abordé le sujet du suicide avec ses parents. Je me suis demandé quelle raison elle leur avait donnée pour expliquer ma présence chez eux.

Elle me dit que des amis l'avaient poussée à jouer un rôle culturel qu'elle n'était pas sûre d'aimer. *«Pendant l'été tu peux être toi-même* (Nous nous sommes rencontrées au mois de juillet.) *Je n'aime pas traîner chez mes amis*

*d'école pendant l'été. J'ai déjà une meilleure amie.
J'ai des amis en dehors de l'école. C'est là que je
suis vraiment moi-même. Quand je vais à l'école,
ça commence bien au mois de septembre. Les gens
me disent que j'ai terriblement changé. Et puis je
recommence à jouer un rôle. Je retombe dans des
petites cliques sociales. Ce qui est cool. Ce qui est
branché.»*

MOI: Donc, tu t'adaptes pour survivre dans le
système scolaire?

Suzanne, surprise: «*Ouais. C'est facile pour
moi de m'adapter à l'école. Je me fais très vite des
amis, pas de vrais amis, mais des relations. Mais
il faut apprendre à agir comme tout le monde, jouer
un rôle surperficiel, ne pas être soi-même. Je trouve
toujours qu'il est impossible de dire ce que je ressens vraiment.»*

MOI: Pourquoi?

«*J'ai toujours peur que ça n'intéresse pas les
gens. De dire quelque chose qui me dérange vraiment et qu'ils se moquent de moi. Ils ne font que
rire. "Ne sois pas stupide!" Tu dois garder ton opinion pour toi. Tu dois être capable de rire, d'être
cool, désinvolte, de te moquer de tout. Tu dois aussi
savoir comment faire rire les autres.*

«*L'année dernière, ils m'ont ridiculisée et j'ai
essayé d'expliquer aux personnes que je croyais être
mes amis: "Ne me faites pas ça. Ça me dérange
vraiment." Ils n'ont pas compris. "C'est seulement
une blague. Il n'y a rien là!" Ils peuvent être cruels
et prétendre qu'ils sont drôles.»*

75

Helen, dix-neuf ans, m'a dit qu'elle avait une seule amie pendant la période où elle pensait au suicide et la période qui a précédé sa tentative de suicide. «*J'avais une amie, mais je ne pouvais pas lui parler. Elle ne me comprenait pas. Elle traversait aussi un moment difficile. Elle m'aurait demandé si je n'étais pas folle si j'avais essayé de le lui dire. Alors, je n'ai rien dit.*

«*Je n'attends rien des gens. J'essaie de ne rien attendre parce que j'ai eu des amis avant, j'avais confiance en eux et ils ont fini par me blesser. Maintenant je pense que je ne peux faire confiance à personne, sauf à moi.*

«*Les amis ne parlent pas du suicide. Ils savent que ça existe, mais ils n'en parlent pas. C'est tabou. C'est une faiblesse.*»

Leslie vivait dans un appartement au dernier étage de la maison de ses parents, mais elle était assez indépendante. Elle m'a fait part de ce qu'elle avait vécu.

«*J'aurais souhaité que quelqu'un me parle. J'aurais payé pour que quelqu'un me parle, j'aurais voulu qu'on me regarde, au lieu de regarder l'image que je donnais de moi. La vie ressemblait trop à un jeu. Même aujourd'hui, certains de mes amis ne semblent pas comprendre à quel point c'était sérieux. Peut-être qu'ils parleraient plus facilement maintenant, mais le suicide est trop tabou. Les adolescents le mentionnent. Ils disent: "Ouais, c'est mes parents..." etc., mais ils ne disent pas: "C'est parce que je ne me sens pas aimé."*

«Quand mes amis parlaient de suicide, ils disaient: "Soûlons-nous et tuons-nous. Ça résoudra tous nos problèmes." Nous nous soûlions et disions: "Tuons-nous." Mais je ne sais pas ce qui nous arrêtait. S'ils avaient sauté, j'aurais certainement attrapé leurs mains et je les aurais suivis. Mais nous ne le faisions pas. Nous ne parlions jamais de ce que nous ressentions, nous disions seulement que la vie était dégueulasse et qu'il fallait nous soûler encore plus.»

Certains d'entre vous avaient des amis qui se souciaient réellement d'eux. Peut-être n'ont-ils pas su comment vous parler de vos problèmes ou comment vous écouter, mais ils étaient les seuls à s'intéresser à vous.

Une des tâches d'un adolescent consiste à se détacher de sa famille. Il se prépare ainsi à devenir indépendant et à fonder sa propre famille. De nombreux adolescents reportent leur affection pour leur famille sur un ami, un petit ami ou une petite amie et demandent à cette relation de satisfaire leurs besoins affectifs, de les comprendre et de leur apporter un soutien émotif. C'est beaucoup demander. Les amis sont *très* importants pendant l'adolescence et sont *nécessaires* pour la plupart des adolescents et des adolescentes. Il est courant que les adolescents entretiennent des amitiés importantes en dehors de la famille. Elles sont essentielles pour les aider à se détacher de leur famille.

Parfois, des préjugés d'ordre social vous empêchent de développer des liens amicaux importants.

Si vous êtes Autochtones dans une communauté qui a des préjugés à l'égard de votre race, ou Noirs dans une communauté qui n'accepte pas les adolescents noirs, enfin si vous êtes gays ou lesbiennes en Amérique du Nord, vous serez victimes de préjugés. Les préjugés signifient le rejet. Cela ne vous aidera pas beaucoup de comprendre au niveau rationnel que ces préjugés visent une idée ou une race et non pas vous personnellement. En tant que personne, les préjugés vous blessent. Vous pouvez, parfois, trouver des amis dans des groupes de soutien comme les clubs pour les adolescents gays ou les sociétés autochtones.

Dans de nombreux cas, vos amis ont été vos sauveurs. Après avoir essayé de se pendre, Leslie est restée enfermée dans sa chambre et personne dans sa famille ne s'est inquiété d'elle.

«Je suis restée dans ma penderie pendant trois jours. Je ne voulais pas me suicider parce que ça aurait été de ma faute. Je voulais mourir de faim pour que ça soit une mort naturelle. L'emploi du temps de mon frère était différent du mien et il ne savait pas que j'étais dans la penderie. Je suis restée là sans rien faire.

«Au bout de trois jours, mon amie est venue et m'a trouvée. Ça l'a fait flipper. Elle n'arrêtait pas de pleurer. Elle m'a fait sortir de la maison. Elle m'a tirée hors de la penderie, m'a fait monter dans sa voiture et m'a emmenée chez un médecin. J'étais dans un état épouvantable.

«*Mon amie m'a conduite chez le médecin et le médecin voulait m'envoyer chez un conseiller, mais je suis partie en courant. J'ai couru jusqu'à la voiture. Je crois qu'il a essayé de parler à mes parents, mais je n'en suis pas sûre parce qu'ils ne m'en ont jamais parlé. Mon amie m'a emmenée chez des amis, Mike et Jason. Elle était bouleversée et elle pleurait. Elle leur a dit: "Elle ne veut pas me parler. S'il vous plaît, il faut que vous l'aidiez." Je riais et ils me regardaient. J'avais déjà perdu tout contact avec certaines parties de mon corps, j'étais maigre, tu vois, et horrible. Je me suis assise. Je suis restée assise à penser à des choses puériles. J'avais seulement conscience qu'il y avait du monde que je reconnaissais plus ou moins. C'est alors que Jason m'a serrée dans ses bras. Tout à coup, j'ai compris ce qui se passait. Je me suis regardée, j'ai regardé mes bras et tout le reste et j'ai pleuré. Ils m'ont vraiment sauvée.*»

Parmi les trente jeunes que j'ai rencontrés, Leslie est la seule qui semblait avoir été influencée et aidée par la religion. Elle parlait de trouver le "salut" et elle considérait sa communauté religieuse comme un lieu où elle pouvait se faire des amis.

Vous avez été nombreux à être sauvés d'une overdose par des amis. Beth a dix-huit ans aujourd'hui, elle avait seize ans quand elle a essayé de se suicider. Elle m'a dit que son amie l'avait aidée.

«*Mes parents ont fini par partir cette fin de semaine-là. Ils m'ont dit: "D'accord, nous te fai-*

79

sons confiance. Nous partons et tu peux rester ici toute seule." Je leur ai répondu: "D'accord, vous pouvez me faire confiance." Et j'ai essayé de les impressionner parce que je ne voulais pas faire de gaffe. Je ne sais pas pourquoi c'est arrivé. Tout ce que je sais, c'est que j'ai commencé à boire et à prendre des pilules qui appartenaient à ma mère. Je ne me souviens pas de la moitié de ce qui s'est passé.

«Nous vivions près d'un lac et j'ai erré autour du lac à la recherche d'une sortie de secours. Je me souviens de certains moments de cette marche, mais de rien d'autre. Je sais seulement ce que mes amis m'ont dit. Je pense que je leur ai téléphoné. Une ambulance est venue me chercher parce que mon ami, qui était à ce moment-là mon petit ami, a perdu les pédales. Je leur ai dit que je ne voulais pas y aller. L'ambulance n'a pas pu m'emmener. Mon autre ami, le garçon avec lequel je vis maintenant, est venu et a demandé à Mike ce qu'il faisait assis sur les marches en train de pleurer. Mike lui a dit que j'étais enfermée dans la maison et que j'essayais de me tuer. Jim a essayé d'ouvrir la porte de devant, elle était fermée à clé. Il a fait le tour de la maison et a trouvé la porte de derrière grande ouverte. Il est entré et il m'a convaincue d'aller avec l'ambulance. Je ne savais même pas ce que je faisais. Je voulais écrire quelque chose pour mes parents, mais tout s'est passé si vite.

«Mes parents étaient à Penticton quand je suis allée à l'hôpital. Jim m'a attendue. Un membre de la famille devait signer des papiers à l'hôpital, ils

ont donc appelé mes grands-parents. Le lendemain matin, je suis retournée chez mes grands-parents. L'hôpital avait téléphoné à mes parents. Je me trouvais dégueulasse parce qu'ils avaient dû revenir à la maison et j'avais gâché leur fin de semaine.»

Beth pense toujours que cette tentative de suicide a "dérangé" ses parents.

Teresa considérait ses amis comme sa famille. *«La mère d'une de mes amies est vraiment formidable. Je peux l'appeler à n'importe quelle heure, même à quatre heures du matin. Elle est tout à fait réveillée et prête à m'écouter. Elle est vraiment formidable. Je suis allée un petit peu chez elle et nous avons parlé. Je vais souper chez eux de temps en temps.»*

MOI: Tu as cherché des gens à l'extérieur pour t'aider.

«Ouais. Il a bien fallu. Personne ne m'offrait de l'aide. Il faut bien aller chercher quelqu'un. Les gens ne t'attendent pas les bras grands ouverts et ne te disent pas de venir les voir. Plus personne ne fait ça. Tout le monde a trop peur de s'impliquer.

«Personne ne veut se mêler des problèmes de quelqu'un d'autre. "Ah bon, Madame Machin Chose a un enfant à problèmes. C'est son problème, pas le mien." Les gens sont comme ça. C'est comme ça que beaucoup de gens se retrouvent paumés. Pas d'amis. Personne pour les aider.»

Parfois, c'est l'absence soudaine de votre meilleur ami qui vous rend vulnérable au suicide.

La petite amie de Daniel avait ses propres problèmes au mauvais moment dans la vie de Daniel.

J'ai rencontré Daniel, dix-sept ans, sur les
quais à Halifax. Il était blond, avait de larges
épaules et était sûr de lui. Nous nous sommes
assis au soleil et avons parlé si longtemps que j'ai
eu un coup de soleil au visage pendant plusieurs
jours. Il était le plus jeune de cinq garçons. Son
père avait déserté la maison quand il avait quatre
ans et sa mère, qui travaillait comme serveuse, a
subvenu toute seule aux besoins de sa famille.
Daniel travaillait depuis l'âge de treize ans tout en
allant à l'école. Il était parvenu à surmonter un
handicap d'apprentissage et à suivre le programme scolaire à l'école. Il ne s'entendait pas
bien avec ses frères aînés, mais avait une bonne
relation avec sa mère. Il n'avait aucune relation
avec son père.

À quinze ans, Daniel prenait des médicaments
pour soigner une dépression et savait que cela
n'avait pas l'effet attendu.

MOI: Comment le savais-tu?

*«Comment vous l'expliquer? Vous savez com-
ment je pourrais le mieux l'expliquer? En parlant
de mon sommeil. Si j'étais heureux, je pouvais dormir. Si je n'étais pas heureux, je ne pouvais pas
dormir. Si j'étais heureux, je voulais manger. Si je
ne l'étais pas, je n'avais pas faim. J'ai donc téléphoné au médecin environ trois semaines après
avoir commencé le traitement. Ils m'ont fait venir
et m'ont fait un nouvel examen de sang. Et ils ont*

trouvé que la dose de médicament était trop faible et que ça ne marchait pas. *Ils ont continué à discuter de ce qu'ils allaient faire pendant deux autres semaines et les choses sont devenues désastreuses.*

«*Le père de ma petite amie est alcoolique. Il avait compris où j'étais et pourquoi* (à l'hôpital, en psychiatrie). *Il a déclaré: "Il ne tourne pas rond. Il est malade. Ne le fréquente pas." Un soir, il l'a battue.*

«*Elle m'a dit que peu importe ce qu'il lui dirait ou lui ferait, elle ne me laisserait pas tomber. Elle m'a dit ça un jour, et le soir suivant elle m'a dit qu'elle ne pouvait plus me voir à cause de son père. Et je me suis vraiment senti très très mal. La seule chose qui m'avait permis de ne pas couler, c'était elle. J'étais heureux avec elle. Quand elle n'était pas avec moi, j'étais malheureux.*

«*J'avais un ami qui revendait de la drogue. Je suis allé le voir et j'ai acheté un flacon d'amphétamines.*

«*À ce moment-là, la deuxième fois que je suis sorti de l'hôpital, le travailleur social et le psychiatre ont recommandé que je ne retourne pas à la maison à cause de ma grand-mère* (sa grand-mère lui disait tout le temps qu'il ne valait rien), *que ça n'était pas un bon environnement. La femme qui m'employait à la pizzeria m'a proposé de venir chez elle. Je me suis donc installé chez elle. Ça ne me posait aucun problème, j'aimais vivre là-bas. Il n'y avait personne à la maison. J'ai avalé les amphétamines et je me suis allongé. Je me sou-*

viens m'être réveillé trois ou quatre jours plus tard après avoir été dans le coma.

«Ma patronne est venue chercher des disques, ou quelque chose comme ça. Elle regardait toujours où j'étais. Elle a frappé à la porte, mais je n'ai pas répondu. Elle a donc ouvert la porte et n'a pas pu me réveiller, alors elle a appelé une ambulance.

«Ma petite amie... Je ne l'avais pas vue. Je refusais. Je disais: "Laissez-moi tranquille dans mon lit, je veux mourir." Je ne mangeais pas. On me nourrissait par intraveineuse. C'était trois ou quatre semaines avant que je décide de manger. En fait, ma petite amie est venue me voir. Son père l'avait chassée de la maison. Elle était allée voir ma mère et ma mère lui avait proposé de l'héberger. Ma petite amie est venue me voir et m'a raconté ce qui s'était passé. Elle ne m'avait pas laissé tomber. Mais je ne le savais pas. J'ai donc changé d'attitude face à la vie.»

À ce moment-là, la volonté de vivre de Daniel dépendait de sa relation avec son amie. C'était la seule amie qu'il avait, la seule personne qui s'intéressait à lui. Il n'avait pu supporter de la perdre à ce moment-là. Une autre amie, sa patronne, l'a sauvé.

Il est important pour les adolescents d'avoir de bonnes amitiés solides. Vous m'avez dit qu'il est souvent difficile de devenir ami avec des adultes. C'est qu'il s'agit de deux mondes différents: d'un côté, "eux", les adultes et, de l'autre côté, "nous", les adolescents.

Leslie avait des idées précises à ce sujet. «*Quand tu es adolescent, tu n'es content de rien. Tu es si mal dans ta peau. Tout est si nouveau pour toi. Tu es juste au milieu entre les jeunes et les vieux. Tu as des responsabilités, mais personne n'a besoin de toi.*

«*La société dit aux adolescents de disparaître pendant dix ans et de revenir quand ils ont de l'expérience.*

«*Il y a tant de préjugés à l'égard des adolescents. Par exemple, les adolescents sont synonymes de problèmes. Quand tu marches dans la rue, les gens vont changer de trottoir. Quand les gens font ça, je me sens moins que rien. Quand trois ados marchent dans la rue, les gens serrent leurs sacs contre eux. Et quand tu t'assois près de quelqu'un dans l'autobus, il se lève et change de place. Mes amis et moi nous sentons très mal devant tout ça. Nous ne pouvons pas l'oublier. Ça nous tient à cœur. Nous en faisons une généralité: "Tous les adultes sont des ci, tous les adultes sont des ça", mais nous avons tort, car nous faisons exactement ce qu'ils nous font.*»

Jake, dix-huit ans, jouait de la batterie dans un groupe rock. Il vivait avec sa mère et allait voir son père chez lui. Il avait deux emplois en plus de son travail de batteur. Il m'a dit: «*Personne ne semble prendre les adolescents au sérieux, même pas les autres adolescents. Personne ne prend la souffrance des adolescents au sérieux. Tout le monde s'en moque. Les autres adolescents s'en* moquent. *Ils nient le problème. Ils disent: "Eh bien, tu ne fais que redoubler, un an. Pourquoi tu fais tant d'histoires. J'ai redoublé quatre fois. Alors de quoi tu t'inquiètes?" Je m'en moque que tu aies fait quelque chose de pire ou de mieux, ce problème m'inquiète. Et personne ne semble accepter ça. Accepter que ça m'inquiète, que ça m'accable. Tout m'accable en ce moment. Je pense que nous ne nous intéressons pas assez aux autres.»*

Vous m'avez dit que vous avez souvent essayé de parler à un adulte. La plupart d'entre vous pensaient, quand ils avaient des problèmes, que les adultes pourraient davantage les aider que leurs amis. Les adultes semblaient plus forts, plus aptes à changer votre vie. Mais souvent, ils ont agi comme Jake vient de nous le décrire: ils ont nié votre souffrance, vous ont dit que cela n'était rien. Ou bien, vous avez essayé de leur parler de sujets moins effrayants que le suicide et ils ne vous ont pas écoutés. Alors, vous avez eu peur de leur parler de quelque chose d'aussi sérieux que votre désir de vous tuer.

Peu d'entre vous étaient aussi indépendants que Daniel, qui était, d'une certaine façon, un enfant de la rue, bien qu'il soit cultivé, ait reçu une éducation et n'ait pas de problèmes avec la loi. Il est si indépendant qu'il a été capable de laisser les adultes qui essayaient de le rabaisser, un travailleur de Tel-Aide qui l'a abandonné, pour trouver un bon psychiatre qui l'a aidé. Vous étiez très peu nombreux à persister jusqu'à ce que vous trouviez un adulte qui vous aide. Il semble incroyablement difficile pour un adolescent de trouver un adulte qui l'écoute. Vous avez été nombreux à me dire que vous vous sentiez isolés comme si "être adolescent" signifie que les adultes n'ont pas le droit de vous parler, de vous écouter ou de passer du temps avec vous. J'ai travaillé vingt ans comme infirmière en santé publique et je sais que les adolescents ont de la difficulté à trouver l'aide qui existe.

Un grand nombre d'entre vous ont eu de bonnes relations avec leur famille jusqu'à l'âge de treize ans. Puis, tout à coup, vous avez eu votre chambre, votre musique, vos amis, votre horaire. Votre famille vous dérangeait rarement, vous écoutait rarement et vous faisiez rarement quelque chose ensemble. Elle vous manquait. Vous vous sentiez seuls, rejetés, inexistants. Vous aviez besoin que vos parents vous disent que vous étiez quelqu'un de bien. Vous aviez besoin qu'ils vous disent que vous faisiez partie de la famille, que vous étiez importants, nécessaires. Vous aviez besoin qu'ils fassent partie de votre vie.

Vous et vos parents agissiez souvent par réaction. Vous vouliez passer davantage de temps avec vos amis, alors vos parents réagissaient en passant moins de temps avec vous. Vous réagissiez en n'étant jamais là quand ils étaient à la maison et ils critiquaient la façon dont vous occupiez votre temps. Vous ne leur parliez pas d'école, ils ne vous posaient pas de question et vous pensiez donc que cela ne les intéressait pas. Vous aviez de mauvaises notes et ils vous cassaient les pieds avec vos notes. Très vite, vous avez eu votre propre vie, vous viviez peut-être dans la même maison, mais séparément. Toutefois, pour vous sentir utiles et en sécurité, vous aviez besoin de l'attention, de l'intérêt et de l'amour de vos parents. Mais tout ce que vous faisiez et tout ce que vos parents faisaient semblaient vous éloigner davantage, vous donnant un sentiment d'isolement et de solitude. Pour beaucoup, cette situation n'a pas duré. Les choses ont changé.

Certains d'entre vous pensaient qu'ils n'étaient pas faits pour vivre dans ce monde. Vous pensiez qu'il n'y avait ni travail, ni place pour vous. La société n'était pas prête à vous accueillir. Personne ne quittait son emploi pour vous laisser sa place.

Suzanne a essayé de me dire à quel point c'était difficile. «*Les adolescents sont les plus laissés pour compte, ceux qui ont le moins d'assurance... Trouver un travail. Tu vas passer des entrevues. Je me sens toujours si gauche. Je regarde autour de moi et tout le monde a la vingtaine. Mon Dieu! Aucune chance pour moi. Parce que tu n'as pas vraiment d'expérience. Mais tu veux le travail. Tu as vraiment envie de le faire et tu es prête à apprendre. Mais ils ne veulent pas.*

«*J'aimerais être plus vieille. J'aimerais être seule pour vivre ma vie, comme je l'entends. Je pourrais, mais je suis trop jeune. Je ne peux pas trouver de travail. Je n'ai pas les études. Et même si je sais que je suis prête pour le faire, je ne peux pas. Et je dois accepter d'être une adolescente.*»

MOI: Une citoyenne de deuxième classe?

«Ouais. Tu n'es pas vraiment importante.»

MOI: Quelqu'un a-t-il besoin de toi?

«Pas vraiment.»

C'est ce sentiment d'isolement qui a conduit un si grand nombre d'entre vous au désespoir. Un véritable ami vous donnait l'impression d'être indispensables, aimés et acceptés. Ce sentiment d'acceptation avait une importance vitale.

5

Comment faites-vous face
aux problèmes ?

À un certain moment, la vie a été trop difficile pour vous; cela a duré quelques semaines, quelques mois ou quelques années. Les problèmes ne cessaient de s'accumuler et il ne semblait y avoir aucune solution pour aucun d'eux. Vous vous débattiez dans un océan et vous n'aviez pas d'autre choix que de couler. Vous avez essayé de m'en parler.

Vous m'avez souvent dit que tout vous semblait trop difficile parce que vous n'aviez aucune aide, personne ne vous soutenait pendant ces moments pénibles. Vous n'aviez pas l'impression de pouvoir vous venir en aide, ou vous ne saviez pas comment vous venir en aide. Votre courage m'a impressionnée. Vous n'avez cessé d'essayer de faire face aux problèmes qui vous accablaient. Vous êtes souvent parvenus à vous débrouiller pendant longtemps, mais parfois les choses ont empiré.

Vous cherchiez un répit, un moment de calme, un endroit où vous cacher. Parfois, vous vous cachiez derrière un stéréotype. Vous portiez des habits qui donnaient aux autres, y compris à vos parents, une certaine image de vous, l'image d'un raté, d'un perdant. Vous vous cachiez derrière cette façade et gardiez vos pensées pour vous, vous essayiez de faire face à vos problèmes tout seuls. Votre entourage était confronté à l'image que vous donniez de vous, au stéréotype que vous représentiez. *«Pourquoi ne te fais-tu pas couper les cheveux?»* *«Des cheveux verts? C'est ridicule!»* Vous arriviez à attirer leur attention sur votre apparence, un sujet dont il vous était facile de parler. Et personne ne vous demandait comment vous vous sentiez.

Vous avez essayé de surmonter vos problèmes, toujours plus nombreux, en fuyant dans l'alcool et la drogue. Bruce m'a dit: *«Ça faisait des années que je me sentais mal quand j'ai essayé de me suicider. Je buvais, je me défonçais et je me disais: "Hé! Ce n'est pas moi. Je vaux mieux que ça." Je n'arrivais pas à suivre à l'école. J'avais l'impression d'être un imbécile. J'avais l'impression d'être l'idiot du village. Tout le monde lui parle, mais personne ne l'aime. Ils le voient marcher dans la rue, ils lui disent: "Salut Linus" et ils continuent leur chemin. Voilà comment je me sentais.»*

Parfois, vous viviez dans des familles où vos parents essayaient de fuir dans la toxicomanie, l'alcoolisme ou d'autres formes de dépendance. Vous les voyiez faire et vous les imitiez en buvant, en respirant de la colle (sniffant), etc.

Parfois, vos parents vous semblaient lointains. Ils vivaient dans la même maison que vous, mais étaient distants sur le plan émotif. Janet vivait avec ses grands-parents. Ils étaient comme une mère et un père pour elle, mais ils ne l'écoutaient pas vraiment, elle ne pouvait donc pas leur parler. Les problèmes auxquels elle était confrontée à la maison et à l'école devinrent si difficiles, qu'elle commença à boire à l'âge de quatorze ans. À seize ans, elle passait presque tout son temps à boire.

«J'avais peur de l'avenir. Comment expliquer, les gens disent que nous allons traverser une autre période de crise, et je ne veux pas vivre ça.»

MOI: Comment te sentais-tu en ce temps-là ? Quel effet cela te faisait d'être ivre tous les jours ?

«Ça me faisait vraiment de la peine. J'étais une paumée. J'allais à l'école et je tremblais comme une feuille. À cette époque, ma relation avec mes grands-parents était nulle. J'avais de mauvaises notes, mais je n'avais jamais eu de bonnes notes. Je disais à mes grands-parents que mes résultats scolaires étaient mon problème et que j'aurais les notes que je voudrais. Ils me disaient: "Oui, mais nous t'aimons tellement que nous ne voudrions pas voir ta vie fichue", et d'autres choses du même genre. Je répondais que c'était ma vie et que j'en ferais ce que je voudrais. Je serais enceinte, j'irais sur l'aide sociale. Ils me disaient: "Nous ne voulons pas t'entendre parler comme ça." Mais ils n'ont jamais vraiment été sévères avec moi.

93

«Jusqu'à ce que j'aie dix-huit ans, ma vie a été un enfer. Je n'aimais pas ma vie. Je n'avais pas vraiment d'amis. J'étais malheureuse. Je souffrais beaucoup émotivement. J'avais très peu d'estime de moi-même, très peu de respect de moi-même. Je pensais que personne ne m'aimait. Le destin s'acharnait contre moi.»

MOI: Pourquoi?

«Je ne sais pas. Peut-être parce que j'étais grosse ou quelque chose comme ça. Je pense que c'est ce qui me dérangeait le plus. Tous les jours j'allais à l'école avec l'idée que j'allais passer une journée dégueulasse. Je buvais tout le temps à cette époque-là.

«Je ne peux pas penser à quelque chose qui aurait pu m'aider à ce moment-là. Mes grands-parents et moi n'avons jamais eu une relation où on prenait le temps d'écouter l'autre. J'étais toujours mise de côté. Quand j'étais plus jeune, ils étaient très proches de moi. Je me souviens de mon grand-père en train de jouer au ballon avec moi, et tout ça. Mais c'est tout.»

MOI: Mais alors, comment as-tu appris à écouter? Quand je parle, tu m'écoutes. Comment as-tu appris à écouter?

Janet a eu un rire surpris et un peu gêné. *«En allant aux réunions des AA* (Alcooliques anonymes).»

Vous n'avez pas tous trouvé un refuge dans l'alcool et la drogue avant d'essayer de vous suicider. Certains d'entre vous ont souffert en silence,

94

ont gardé leur angoisse pour eux, se sont repliés sur eux-mêmes, puis ont essayé de mourir.

D'autres ont fait face aux problèmes qui les accablaient en faisant comme s'ils n'existaient pas. Vous viviez chaque jour en ignorant les problèmes émotifs de plus en plus importants auxquels vous étiez confrontés; vous faisiez comme si les problèmes pratiques — vos résultats scolaires, votre travail, un endroit où vivre — n'avaient pas d'importance.

Beth m'a dit qu'elle n'avait pas réalisé à quel point elle feignait ne pas avoir de problèmes avant d'aller voir un psychiatre qui l'a aidée à comprendre ce qui se passait dans sa vie. *«J'avais trouvé un truc formidable. Je n'y pensais pas* (aux problèmes). *Quand quelque chose m'arrivait, je le mettais de côté. Je n'y pensais pas. Et puis, plus tard, c'était comme un barrage qui déborde et tous mes problèmes me revenaient en plein visage.*

«Je sais que les problèmes existent, mais je les regarde comme à travers une fenêtre, ou quelque chose comme ça, je ne les regarde pas vraiment. Je sais qu'ils existent, mais je m'arrange pour ne pas en comprendre toute la portée. Je ne me demande pas pourquoi les choses arrivent ou ce que je vais faire pour les régler. Je mets les problèmes de côté.

«Et puis, malheureusement, tout réapparaît en même temps et je suis déprimée. Maintenant, j'ai commencé à m'attaquer aux choses quand elles m'arrivent. J'ai encore laissé beaucoup de choses de côté en ce qui concerne ma famille. Elles sont là.

Je peux m'asseoir avec vous et en parler comme si elles étaient arrivées à une autre personne. Je n'ai pas de crises de larmes. Mais beaucoup de choses sont réapparues plus tard et je me suis dit: "Oh, ouais! Je me souviens de ça et de ça." Tous ces souvenirs finissent par faire un tout.»

Vous êtes nombreux à penser que vos parents sont forts émotivement, qu'ils gèrent *leurs* sentiments et leurs problèmes sans être trop perturbés. Alors, vous vous considérez comme quelqu'un de faible, d'inefficace et d'incapable. Pourquoi ne pouvez-vous pas faire face à vos sentiments aussi bien que vos parents? Vous pensez que vous devriez être capables d'affronter la vie, et vous ne l'êtes pas. Quelques-uns d'entre vous apprennent à faire face à leurs sentiments. Tout le monde utilise, à certains moments, des échappatoires pour fuir la vie. Nous regardons la télévision, lisons des livres, buvons, écoutons de la musique, allons voir une pièce de théâtre. Cela nous permet d'occuper notre esprit et nos émotions sans devoir affronter la vie. Tout le monde agit de la sorte. Parfois, quand la vie devient trop difficile, il se peut que nous passions la plupart de nos journées dans des activités qui nous permettent de fuir. C'est une importante soupape de sécurité pour notre vie émotive. Les problèmes apparaissent lorsque nous passons trop de temps à fuir. Parfois la fuite devient notre façon de vivre. Certains d'entre vous m'ont dit que juste avant leur tentative de suicide, ils passaient leurs journées à rêver. Vous viviez dans un monde de fantasme et accordiez peu d'attention à ce qui se passait autour de vous. Certains allaient à l'école, rentraient chez eux et s'enfermaient dans leur chambre pour écouter de la musique pendant cinq heures d'affilée. Vous ne faisiez qu'écouter de la musique, ou jouer d'un instrument, vous faisiez n'importe quoi qui vous empêchait de trop penser ou de trop sentir.

Parfois, cela vous aidait beaucoup. Cela vous libérait de votre tension émotive. Vous vous sentiez mieux parce que cela vous permettait de fuir les sources de tension. Mais cela ne réglait pas votre besoin croissant d'amour, d'attention et d'acceptation. Vous saviez que cela ne marchait pas, car vous aviez essayé et vous vouliez fuir encore plus loin.

Nous avons un besoin fondamental d'aimer et d'être aimé, un besoin d'être accepté et nous avons besoin d'être sûr de l'amour de nos parents.

Vous avez été nombreux à me dire que, plus que toute autre chose, vous aviez besoin d'être acceptés. Vous aviez besoin d'être acceptés avant de pouvoir changer de comportement. Sinon, le changement vous faisait peur.

Suzanne m'a dit: «*Mes parents mettaient beaucoup de pression sur moi. Ils étaient toujours après moi. Ils s'en prenaient à mon comportement, à ma personnalité, à mon caractère. Ils s'en prenaient à tout. Ils n'aimaient pas ma façon d'agir. Je sortais trop. Tout. Tout ce que je faisais était mal. Peut-être qu'ils avaient raison. Mais ils auraient dû me le dire d'une autre façon. À l'école, il y avait aussi beaucoup de pression. Les professeurs mettaient de la pression sur moi pour que je travaille mieux, que je change mon comportement; mes parents se disputaient tout le temps et j'avais besoin qu'on s'occupe de moi. J'avais besoin d'une autre attention que celle qu'on me donnait.*

«*Mes amis m'aimaient bien. J'avais de bons amis. Mais ils ne me connaissaient pas vraiment. À cet âge-là, c'est si important d'être comme tout le monde que tu ne sais pas vraiment qui tu es. Je ne savais pas qui j'étais. Je ne savais pas ce que je voulais. C'était vraiment difficile.*»

Suzanne m'a dit ce que vous avez été nombreux à me dire. Tout vous semblait trop difficile, et vous n'arriviez pas à décider ce que vous devriez faire, ce qui vous rendrait la vie plus agréable. Alors, vous réagissiez à toute cette pression en faisant des choses qui, vous l'espériez, attireraient l'attention sur vos problèmes. Vous vous réfugiez dans votre chambre, auprès des innombrables jeunes que vous fréquentiez, dans la musique, dans l'alcool. Ou alors, vous répondiez et vous vous disputiez avec vos parents, avec vos frères et sœurs; vous répondiez par le sarcasme, les cris, en mettant de la musique forte. Ou encore, vous faisiez ce que vos parents ne voulaient pas, vous saviez qu'ils pensaient que c'était mal et vous le faisiez pour qu'ils vous remarquent. Vous aviez de mauvaises notes, vous rentriez soûls, vous laissiez traîner des condoms pour qu'ils les voient, vous voliez à l'étalage et vous vous faisiez attraper, vous vous habilliez de façon choquante pour eux. Ou bien, vous essayiez de toutes vos forces d'être l'enfant parfait, d'avoir des notes parfaites, de porter les habits parfaits. Vous rentriez à l'heure, vous rangiez votre chambre, vous souriez, souriez et souriez. La vie devenait déroutante et pénible.

Vous avez été nombreux à ne pas pouvoir faire face à la souffrance. Vous saviez que d'autres adolescents arrivaient à faire face au rejet, à la solitude et à l'isolement qu'ils connaissaient au sein de leurs familles et vous ne compreniez pas pourquoi vous n'y arriviez pas. Vous vous sentiez différents, moins compétents. On vous avait enseigné que vous ne deviez pas faire face à la souffrance. Vous n'étiez pas supposés faire face à la souffrance. Quand vous vous blessiez, votre mère vous mettait un pansement. Quand vous aviez mal aux dents, elle vous donnait un médicament contre la douleur. La plupart des familles adoptaient le principe suivant: quand vous souffriez, quelqu'un allait s'en occuper, vous n'étiez pas supposés avoir mal.

Personne ne s'est assis avec vous pour vous dire que la souffrance fait partie de la vie, que tout le monde doit faire face à la souffrance, physique et émotive, et qu'il existe des moyens efficaces pour y arriver. Personne ne s'est assis avec vous pour vous dire que, lorsque vous avez une douleur physique, vous pouvez la surmonter en contrôlant votre respiration, et personne ne vous a montré comment faire. Personne ne vous a dit que vous pouviez surmonter une partie de votre peine émotive en pleurant, en écrivant, ou en parlant. Personne ne vous a aidés à trouver vos propres moyens afin de surmonter la souffrance.

Alors, vous avez essayé de voir ce que faisaient les autres. Vous avez observé vos parents.

Janet a observé ses grands-parents. «*Ma grand-mère allait dans sa chambre et pleurait. C'était sa façon d'y faire face. Mon grand-père criait si fort que toute la maison tremblait. Quand j'étais petite j'avais peur de lui, mais en grandissant j'ai pensé: "Je peux lui tenir tête." Alors, nous nous lancions des regards furieux. Personne ne savait qui ferait le premier geste et ma grand-mère restait là, sans bouger, comme si nous étions une bombe prête à exploser d'une seconde à l'autre.*» Cette réaction de colère n'a pas aidé Janet à surmonter son stress émotif.

Les parents de Robert ne voulaient pas comprendre leurs problèmes. «*Ils sortaient. Ils se disputaient et ils disaient: "Je ne veux plus entendre un mot." C'est tout. J'étais supposé arrêter de penser. Comme ça. Même si les émotions étaient très fortes. Je pense que ce qui blessait tout le monde, plus que toute autre chose, c'était d'arrêter et de tout laisser à ce niveau. Ils disaient: "Tais-toi. Je ne veux pas entendre un mot de plus à ce sujet." Ça me dérangeait toujours. Ils disaient: "Tais-toi" et je disais: "Non." Alors, ils étaient encore plus en colère contre moi.*»

Le père de Beth ne parlait pas, quant à sa mère, elle parlait beaucoup trop. «*Mon père ne parle jamais de rien. Apparemment, il ne me lais-*

sait pas pleurer quand j'étais petite. Il fait partie de ces gens qui se sentent très mal à l'aise quand quelqu'un pleure. Je ne sais pas. Tout ce que je sais, c'est qu'il m'a toujours fait très peur. Ma mère... eh bien... avant que j'aille à l'hôpital (en psychiatrie), *elle disait des choses comme "J'aurais aimé ne jamais t'avoir. Tu as gâché ma vie." Quand je suis née, ça a été difficile pour ma mère parce qu'elle n'avait que dix-huit ans et parce qu'elle a été obligée de se marier à un homme avec lequel elle ne voulait pas se marier. Ils ont donc divorcé et ils m'ont toujours rappelé que c'était de ma faute. Quand j'ai suivi un traitement, j'en ai parlé au médecin et ma mère a dit: "Je n'ai jamais dit ça Beth. J'ai dit que je ne voulais pas au début, mais au bout de cinq mois, je t'ai acceptée comme mon enfant." J'ai répondu: "D'accord, eh bien, c'est l'impression que tu m'as donnée." Ma mère était brillante, elle allait à l'école et elle allait faire des tas de choses formidables. J'ai toujours eu l'impression qu'il fallait que je sois à sa hauteur. Je devais prouver que ça valait la peine de m'avoir.»*

Beth a eu beaucoup d'attention de la part de ses grands-parents, mais elle ne pense pas que cela l'ait aidée. «*Mes grands-parents étaient toujours gentils avec moi. Ma grand-mère m'achetait des vêtements, des manteaux et me disait que je pourrais venir vivre avec eux quand je le voudrais et des tas de choses comme ça. Mais j'ai toujours eu l'impression qu'elle était gentille avec moi uniquement pour embêter ma mère. J'ai toujours eu l'impression d'être un instrument qu'elle utilisait*

101

contre ma mère. Ma mère disait qu'elle essayait de me voler à elle.»

Beth avait l'impression que personne ne s'intéressait vraiment à elle.

Jake entretenait une bonne relation avec son père, mais ses parents étaient divorcés et vivaient séparément. Leurs manières de faire face aux émotions étaient différentes. Jake avait deux modèles différents pour affronter la vie. *«Ma mère n'arrête pas de crier. Je crie aussi. Je n'aime pas qu'on me crie après. Je pourrais comprendre qu'elle me crie après une fois, mais elle n'arrête pas de crier. Elle n'arrête pas de crier quand je crie à mon tour, mais je ne peux pas la laisser me traiter comme ça sans rien faire. Parfois je m'en vais, je pars de la maison. Mais quand je reviens, c'est encore pire, comme "Comment as-tu osé partir?" Et des tas de choses comme ça. Je préfère sortir.*

«Quand mon père est en colère il ne crie pas après les gens. Il continue à faire des choses pour les gens. Ma mère se contente de crier et ne fait rien. Je préfère m'éloigner de ma mère quand elle est furieuse. Ça ne sert à rien de lui parler. Mais avec les autres... j'aime... leur parler, résoudre le problème verbalement. Je dit: "Écoute, tu as fait ça et je n'aime pas ça." et j'essaie de rationnaliser. Ça marche mieux.»

Teresa voyait ses parents faire face à leurs émotions en niant ce qui se passait. Ils faisaient comme s'il n'y avait pas de problèmes. Elle avait beaucoup de difficultés et ses parents ne pensaient pas que ses problèmes étaient importants. «*Mes problèmes étaient une combinaison de plusieurs choses. Mes parents étaient probablement l'élément le plus important. Mes amis faisaient pression sur moi pour que je fasse des choses que je ne voulais pas vraiment faire et j'ai été entraînée à faire des choses que je ne voulais pas faire. Je me sentais une merde parce que je les faisais. Mais la pression que j'avais était incroyable et mes parents semblaient l'ignorer.*

«*Je ne faisais pas ce que je voulais. Et je me haïssais de faire ce que les autres me disaient de faire uniquement parce qu'ils me le disaient. C'était quelque chose que mes parents faisaient tout le temps: "Ne fais pas ça parce que nous te le disons. Ce que tu veux n'a pas d'importance. Tu dois faire ce que nous te demandons de faire."*»

Les parents de Teresa avaient besoin de comprendre que ce qu'elle faisait était important. Ils ne prenaient pas ses appels au secours au sérieux.

«*Je me souviens m'être assise pour prendre méthodiquement une aspirine et du coca-cola, puis une aspirine et du coca-cola. J'étais assise et je me regardais devenir malade. J'étais bizarre. J'étais assise sur une chaise et je me regardais dans le miroir. Quand mon corps a commencé à être malade, il se contractait et tout; je me suis levée pour me regarder dans le miroir. J'avais un sentiment pervers de satisfaction. J'ai pensé: "Ça pourrait vraiment marcher." Après ça, j'ai eu des tremblements incontrôlables pendant quatre ou cinq mois. Mes nerfs étaient foutus.*

103

«*Mon système nerveux était anéanti. Ça a été la dernière fois que j'ai essayé de me suicider et j'ai pensé que je ne faisais rien en agissant comme ça. Je n'arrivais à rien.*»

MOI: Mais tu voulais souffrir et tu voulais que tes parents te voient souffrir?

«*Ouais. Je voulais qu'ils me voient faire, mais ils n'étaient pas là. Ils étaient en haut, en train de dormir profondément. Réfugiés dans leurs rêves. J'ai essayé de faire du bruit. Pour arriver, peut-être, à les faire descendre et pour qu'ils voient ce qui se passait. Mais, ça ne les a pas réveillés. J'ai fait beaucoup de bruit, mais ils ne sont pas venus pour me crier après. Ils sont descendus le lendemain matin. J'aurais dû être debout, déjà prête pour aller à l'école. Ma mère est entrée dans ma chambre et m'a dit: "Pourquoi tu n'es pas debout?" Il y avait un seau près de mon lit et j'avais vomi toute la nuit. J'avais vomi partout. J'essayais de ne pas vomir, mais je ne pouvais pas contrôler mon corps et il continuait à vomir.*

«*J'étais épuisée. Elle m'a dit: "Qu'est-ce qui se passe? Tu ne te sens pas bien?" Je n'ai rien dit. Les aspirines et le coca-cola avaient aussi détraqué mon ouïe. J'avais l'impression qu'elle était à un mètre cinquante de moi ou à dix kilomètres. Je pouvais l'entendre, faiblement; j'ai ouvert les yeux et j'ai dit: "Maman?" Je ne voyais rien. Je n'entendais pas bien. "Maman, tu es là?"*»

«*Elle a dit: "Mais qu'est-ce que tu fais? Tu devrais être prête à partir pour l'école. Prépare-toi."*

«*Elle a regardé autour d'elle et elle a vu le flacon d'aspirines sur la commode et la bouteille de coca-cola renversée sur le tapis. Elle m'a demandé: "Tu as mal à la tête?"*

«*Je lui ai répondu: "Maman, c'est beaucoup plus grave qu'un mal de tête" et je me suis laissée retomber sur mon lit.*

«*Elle m'a demandé: "Qu'est-ce que tu as fait?"*

«*Je n'allais pas lui dire que j'avais essayé de me tuer. Je restais allongée. Elle a commencé à crier et à hurler, elle m'a traitée d'imbécile et m'a demandé ce que je voulais prouver.*

«*J'ai renoncé à essayer de lui parler, je me suis tournée sur le côté et je lui ai dit: "Laisse-moi tranquille. Fiche le camp d'ici." J'ai essayé de dormir. Et puis mon père est entré dans ma chambre. Ma mère était certainement montée le chercher et lui avait demandé: "John, viens ici. Viens voir ta fille."*

«*Il est entré et a dit: "Mon Dieu! Ah, les enfants!" et il est ressorti.*

«*Et, je suis restée là; j'ai pleuré, et j'ai pleuré. Ils ne sont jamais revenus, ils n'ont jamais rien dit. Ça n'a rien changé. Ce que j'ai fait n'avait pas d'importance.*» Les parents de Teresa refusaient de voir ses problèmes, même quand ils y étaient confrontés. Ils prétendaient qu'il n'y avait rien de grave.

Pour la plupart, vos familles, vos professeurs et votre expérience vous avaient enseigné à considérer que les émotions étaient quelque chose de "mal". La colère, la peur et la tristesse sont quelque chose de mal. Nous devons avoir peur des émotions. Nous devons les supprimer, les nier. Suzanne avait appris qu'elle devait toujours être heureuse. *«Quand tu fais partie d'une famille, tu dois toujours être très heureuse! Ma mère exige toujours... d'être heureuse. Si je suis très déprimée et si je traîne dans la maison avec un air triste, elle dit: "Qu'est-ce qui ne va pas? Pourquoi es-tu si garce?" J'ai envie de lui dire de me laisser tranquille. Mais nous sommes supposés la rendre heureuse. Nous devons la rendre heureuse. Elle doit nous rendre heureuse. Personne n'a le droit d'être malheureux autour d'elle. Je savais que si je broyais du noir j'allais avoir des problèmes avec mes parents, alors je dois cacher ce que je ressens. J'ai toujours su que je devais cacher ma tristesse. Je n'avais pas le droit d'être malheureuse, je n'avais pas le droit de souffrir. Je ne pouvais pas être triste. Et j'avais l'impression que tout le monde faisait comme moi, cachait des choses.»*

Suzanne considérait que les émotions étaient quelque chose de dangereux. *«Je ne montre pas mes émotions à ma mère. J'en parle à Tanya* (son amie) *ou je téléphone à mon frère, ou alors je pleure et je réfléchis pendant quelque temps. Une fois que je me suis ressaisie, je peux en parler à ma mère. Elle peut savoir quand je suis triste ou quand j'ai des problèmes, mais une fois que j'ai retrouvé le contrôle de la situation.»*

106

MOI: Serait-il catastrophique que tu perdes le contrôle de toi devant ta mère ou ton père ?

«*Ouais.*»

MOI: Pourquoi?

«*Alors je dépendrais d'eux. Je ne pouvais pas compter sur eux avant. J'ai toujours dû compter sur moi. Je ne sais donc pas comment ils réagiraient. J'ai peur de mon caractère. Je dois me retenir, c'est comme si je retenais mes émotions. Parfois, j'ai besoin d'être seule et d'exploser. Vous comprenez? C'est comme un médicament. Je pense que les émotions ne sont pas acceptées par la société.*

«*Même si tu es trop heureux, ce n'est pas acceptable. Parce que tout le monde pense que tu es bizarre. Si tu sors et que tu danses en attendant le bus à l'arrêt d'autobus, les gens te regardent. Et tu te sens si... Tu penses: "Qu'est-ce que je fais? Je sais que je me comporte de façon étrange, mais c'est comme ça que je me sens." Ce n'est pas accepté par la société.*»

MOI: Le fait d'être heureux nous rend suspects?

«*Ouais. Tu es un ado. Si tu es heureux, c'est que tu prends de la drogue.*»

Vous êtes si nombreux à avoir peur de montrer vos émotions à vos parents. Vous avez souvent de bonnes raisons d'avoir peur. Dans certains cas, vos parents vous ont ridiculisés, ou ont utilisé contre vous ce que vous leur avez dit; ils l'ont répété à leurs amis, vous ont humiliés. Vous en avez fait l'expérience par le passé et vous pensez que cela va se reproduire. Dans le passé, vous n'avez fait qu'augmenter vos problèmes en vous confiant à vos parents. Vous ne pouviez pas vous permettre de leur dire comment vous vous sentiez. Mais, étant donné que vous aviez besoin d'aide pour faire face à vos émotions et que, d'une part, vous ne pouviez pas en parler à vos parents, et d'autre part, vous ne saviez pas où chercher de l'aide, vous vous sentiez impuissants. Vous ne compreniez pas combien il était important pour vous de trouver de l'aide.

Certains d'entre vous vivaient dans un environnement où ils étaient ridiculisés et rabaissés. Personne ne vous montrait comment faire face à vos problèmes. Personne ne s'attendait à ce que vous soyez capables de faire face à vos problèmes. Quand vous avez eu treize ans, vous avez commencé à voir comment les membres de votre famille communiquaient. Vous avez commencé à voir des types de comportements. Vous avez compris que vous étiez rejetés. Jusqu'alors vous aviez essayé de vous convaincre, qu'au fond d'eux-mêmes, vos parents vous aimaient vraiment. Une fois que vous avez eu treize ans, vous êtes devenus plus réalistes, peut-être davantage capables d'accepter le fait que leur amour était insuffisant. Ils vous aimaient peut-être, mais ils étaient stupides. Ils vous aimaient peut-être, mais ils avaient tellement de problèmes qu'ils ne pouvaient pas vous aider à surmonter les vôtres. Ils vous aimaient peut-être, mais ils avaient tellement de difficultés d'ordre émotif dans leur couple qu'ils ne voyaient pas vos problèmes, ou ne voyaient pas que vos problèmes étaient sérieux. Ou bien, peut-être ne vous aimaient-ils pas.

Quand vous avez eu environ treize ans, vous avez commencé à comprendre comment vos parents vous utilisaient. Vous ne vouliez pas qu'ils jouent à la balle avec vous. Vous ne vouliez pas servir de bouc émissaire et être responsables de tous les problèmes de la famille, vous ne vouliez pas être la cible des disputes. Vous leur avez tourné le dos et cela a entraîné des changements au sein de votre famille, des frictions. En vieillissant, vous avez commencé à prendre du pouvoir et cela ne correspondait pas à l'idée que se faisait votre famille de vous.

Vous étiez nombreux à avoir besoin qu'on vous montre comment faire face aux problèmes. Vous aviez besoin qu'on vous montre ce qu'on attendait de vous et quelle était votre place dans votre famille et dans votre groupe social. Vous aviez besoin qu'on accepte vos erreurs comme un moyen d'apprentissage et non qu'on les utilise comme une preuve de votre incompétence, ou pour dire que vous agissiez mal. Le droit à l'échec est un moyen d'apprentissage. Quand vous aviez cinq ans, vos parents vous ont appris comment lacer vos chaussures. Ils ne vous ont pas chassés de la maison parce que vous n'avez pas réussi la première fois que vous avez essayé. Cependant, quand vous avez atteint l'âge de treize ans, certains parents semblaient penser que vous saviez soudain comment agir dans toutes les situations. Dans certaines familles, personne ne prenait le temps de vous aider lorsque vous commettiez des erreurs. Et vous alliez bien évidemment commettre des erreurs. Comment ne pas en commettre? C'est impossible, sauf si vous passez toute la journée dans votre chambre à écouter de la musique et à fuir la vie. La plupart d'entre vous ne voulaient pas quitter leurs parents et se débattre dans la vie en faisant erreur sur erreur. Vous vouliez la liberté d'essayer des choses à votre manière et de revenir à la maison pour en parler, d'imaginer des choses et de vous lancer de nouveau dans la vie. Vous vouliez une maison, de l'aide, vous vouliez être acceptés tel que vous étiez.

6

Qu'est-ce qui vous a rendu la vie difficile ?

J'ai demandé à chacun d'entre vous ce qui s'est passé dans votre vie pour que le suicide vous semble une solution possible. Il m'était difficile d'imaginer pourquoi le suicide vous apparaissait comme une solution. Je n'arrivais pas à comprendre toute seule. Il fallait que quelqu'un me l'explique. Vous aviez beaucoup de choses à me dire.

Suzanne m'a dit: «*Le psychiatre s'imagine que... Je ne pouvais plus me supporter. La première fois, ils ont pensé que je me révoltais et que c'était un appel au secours. J'avais besoin de parler à quelqu'un. Mais la deuxième fois, j'étais incapable de faire face à mes problèmes. Je laissais tout tomber, mes parents, moi et le monde.*

«*La première fois, j'ai écrit trois poèmes avant de faire quoi que ce soit et je les ai montrés à ma mère. Elle les a trouvés très beaux. Elles les a trouvés intéressants. Elle a essayé de les analyser. Certains de mes poèmes parlaient de la mort. La plupart étaient des analogies comme le soleil dis-*

paraissant à l'horizon, des miroir brisés... Ma mère a cru que j'y parlais de mon petit ami qui me quittait, mais ce n'était pas ça.»

MOI: Comment te sentais-tu avant d'essayer de te suicider?

«Avant? Comment expliquer, quand tu veux pleurer et que tu as une boule dans la gorge. Eh bien, c'est comme si la boule envahissait tout ton corps. Tu es toujours tendue à l'intérieur de toi et tu n'as pas confiance en toi.»

MOI: Pendant combien de temps as-tu été déprimée?

«C'est difficile à dire en ce qui concerne la première fois, parce que je n'avais jamais été très heureuse avec ma famille avant ça (sa tentative de suicide). *Ça a duré au moins un mois, mais je n'avais jamais été heureuse, alors ça a peut-être duré des années.*

«Je pensais que mourir ça serait comme m'endormir. Il n'y aurait plus rien, et je ne devrais plus endurer tous les problèmes auxquels j'étais confrontée. Je n'aurais plus à faire mal aux gens et je n'aurais plus à souffrir à l'intérieur de mon être. C'est tout ce que je savais. Je ne pensais pas que j'irais au paradis, ou nulle part ailleurs. J'étais contente d'aller nulle part. Aller dormir me convenait très bien. Je n'aurais plus rien à faire. Les gens n'attendraient plus autant de moi. Je n'attendrais plus rien de moi. Je pourrais arrêter d'aller et venir en faisant semblant d'être heureuse tout le temps, je ne devrais plus faire ce que les autres vou-

draient. *Je serais moi-même. Ça serait les ténèbres. Pas de rêves. Rien. Je ne serais pas obligée de faire quelque chose ou de voir quelqu'un. Je n'ai jamais pensé que je flotterais au-dessus de mon corps, que mon âme serait libérée ou quelque chose comme ça. Non. Juste les ténèbres.*

«Je n'ai jamais pensé que je manquerais ma tentative de suicide. C'était difficile.»

Leslie, dix-huit ans, était enthousiaste, énergique et tenait à ce que j'aide d'autres adolescents. Elle m'a raconté à quoi avait ressemblé sa vie. *«Quand j'avais douze ans, je volais à l'étalage. À ce moment-là, mes parents avaient plus d'argent et j'avais de l'argent dans mon sac, mais je volais des choses dont je n'avais pas besoin. Je savais qu'on allait me prendre en train de voler, et c'est ce que je voulais. Je rentrais à la maison et j'avais des problèmes avec mes parents, c'est tout. Mes parents disaient des trucs du genre "Tu es méchante. Tu es méchante. Tu as sali le nom de notre famille." Le nom de notre famille! C'était le plus important pour eux. Je n'arrivais pas à le croire. J'ai arrêté de voler à l'étalage après l'âge de douze ans parce que j'ai pensé: "Ça n'est pas comme ça qu'il faut faire. Mais, comment faut-il faire? Comment on demande de l'aide ici?" Alors je me suis fait prendre en train de faire des choses interdites à la maison. J'amenais de l'alcool à la maison et je laissais traîner les bouteilles pour que mes parents les voient. Ils me disaient: "Tu es pire que je le pensais. Je n'ai plus aucun respect pour toi." Je répondais:*

*"D'accord. Moi aussi j'ai perdu tout respect pour
vous. On peut parler?"»*

Leslie a essayé d'attirer l'attention de ses
parents de maintes façons et a toujours été rejetée.
Il y a quelques mois, le vase a débordé. Un après-
midi, elle a eu une entrevue avec la conseillère de
son école. Cette dernière l'a critiquée et ne l'a pas
aidée. Elle est rentrée chez elle. *«Mon petit ami
m'a téléphoné et m'a dit que tout était fini entre
nous. J'ai raccroché et je suis retournée dans ma
chambre. J'avais tellement mal que je devais fuir
cette souffrance. J'ai pensé que de toute façon
j'étais déjà morte. Mon esprit était mort, mon corps
pouvait donc mourir aussi. Je me suis pendue,
mais la corde s'est cassée. Et je ne suis pas morte.
C'était comme si Dieu, lui aussi, ne voulait pas de
moi. Personne ne voulait de moi. Ma mère m'avait
dit que ma grand-mère et mon grand-père étaient
morts à un mois d'intervalle quand j'avais cinq
ans et que c'était mieux pour ma grand-mère, parce
qu'elle avait arrêté de souffrir. Elle était avec Dieu.
Elle était au paradis. Je pensais que ça serait bien
pour moi... Et Dieu, lui aussi, ne voulait pas de
moi. Je suis restée enfermée dans ma penderie pendant trois jours.*

« L'autre choix que j'avais (à part le suicide),
*c'était de parler à quelqu'un et à ce moment-là j'en
étais incapable. Il n'y avait aucune façon de me
libérer de ma souffrance sans aide. Mais après dix-
sept ans d'isolement, je ne savais pas comment
faire. J'ai essayé avec un conseiller, mais ça n'a pas
marché. Je ne pouvais pas parler à mes parents.*

*J'écrivais dans mon journal. Pour voir un psychia-
tre, il faut beaucoup d'argent* (pas nécessairement,
mais Leslie pensait que c'était payant), *et les gens
me disaient: "Pourquoi veux-tu voir un psy? Tu es
folle? Qu'est-ce qui ne va pas?" J'aurais vraiment
voulu voir un psychiatre si j'avais eu l'argent et le
courage.*

«*J'ai pensé une fois au Centre d'aide pour les
jeunes en crise, mais rien que le fait de chercher le
numéro de téléphone... c'était déjà trop difficile.
J'ai téléphoné à Zenith 1234, mais je pensais que
c'était pour les Enfants abusés. C'était le seul
numéro de téléphone que je savais parce que je me
souvenais des publicités à la télévision. Je leur ai
donc téléphoné et ils m'ont demandé de quelle
région j'appelais. Je leur ai dit: "Vancouver." Ils
m'ont demandé d'attendre une minute. C'était trop
fort! Attendre une minute? Je pleurais. J'ai raccroché.*

«*Après avoir raté ma tentative de suicide, j'ai
probablement vécu le moment le plus dur, j'étais au
plus bas. Et puis les choses se sont arrangées. J'ai
commencé à comprendre pourquoi j'agissais
comme ça, d'où venait tout ce que je ressentais. J'ai
commencé à me sentir à l'aise avec mes émotions.
Alors j'ai pu entrer en contact avec les gens. Ma
confiance en moi est revenue peu à peu. Ça fait seulement quatre mois. J'ai beaucoup changé en quatre mois. Je pense d'une toute autre façon. Mais je
n'ai pas oublié ce que j'ai fait. Je ne veux pas
l'oublier parce que je veux que ça m'aide à apprendre. Mais quand je regarde en arrière, je ne peux*

pas croire que les choses aient été si difficiles. Je voudrais que les gens sachent que les choses peuvent devenir difficiles. Quand ça arrive, allez voir quelqu'un pour qu'il vous écoute, pour lui parler. Je ne pense pas pouvoir tourner le dos à quelqu'un maintenant. Pas depuis que j'ai connu tout ça.»

Vous avez été très nombreux à me dire comment les événements se sont accumulés jusqu'à ce que vous arriviez à un stade où vous ne saviez plus comment faire face à la vie. Vous n'aviez nulle part où aller, personne à qui parler.

Bruce a essayé très jeune de faire face à des problèmes de plus en plus grands. Il avait treize ans quand il a essayé de se suicider la première fois. *«Je suis rentré à la maison et mon père voulait me voir. Il voulait m'emmener à Kamloops, ma mère ne voulait pas que j'y aille. Ma mère vivait avec un gars. Je trouvais que c'était dégueulasse. Elle avait des tas de pilules qui traînaient partout. Les pilules étaient ce que je préférais. J'adorais prendre des pilules. Elles permettent d'oublier.*

«J'ai monté l'escalier. J'avais pris beaucoup de pilules. J'ai attrapé une paire de ciseaux et j'ai essayé de me poignarder avec. Ma sœur m'a tordu le bras et m'a envoyé en bas des escaliers. Une ambulance est venue et m'a conduit à l'hôpital. Ils m'ont fait un lavage d'estomac et m'ont gardé pour la nuit. Je n'avais parlé à personne des pilules, mais ma sœur avait vu tous les flacons sur le sol. Ils n'ont pas fait grand-chose à l'hôpital. Ils m'ont donné un médicament qui m'a fait vomir. Le docteur m'a demandé: "Pourquoi as-tu fait ça?" Et j'ai

répondu que je ne savais pas. Quatre heures plus tard, ma mère et son petit ami sont venus me chercher et m'ont ramené à la maison. Ça s'est arrêté là.

«*Je pense que c'était vraiment un appel au secours. Je suis allé voir plusieurs médecins et psychiatres pour comprendre ce qui m'arrivait. Je pense qu'à ce moment-là je voulais qu'on m'écoute. Je voulais dire: "Écoutez tous, je ne veux plus de toute cette merde. Je n'en veux plus!" En fait, j'ai dit à mes parents: "Foutez le camp! Disputez-vous sans moi. Ça ne me regarde pas."*

«*Quand j'ai essayé de me suicider, je pensais que ça ferait disparaître mes problèmes. Je n'aurais plus de problèmes. Si tu n'aimes pas quelque chose, tu t'en débarrasses, n'est-ce pas? Plus rien ne me ferait souffrir. "Vous, mes parents, vous ne voulez pas partir, alors je vais partir. J'ai essayé de me sauver et de vivre ma vie* (dans la rue), *mais vous ne m'avez pas laissé faire. Pourquoi continuez-vous à me ramener à la maison? Je ne veux pas être ici." Quand mes parents me ramenaient de force à la maison, je criais: "Arrêtez. Je ne veux pas être ici. Laissez-moi partir." Je restais à la maison, peut-être quatre heures, cinq heures et je me sauvais pour poursuivre mon chemin.*

«*À treize ans, je pensais au suicide comme à un moyen de partir, pas vraiment comme un moyen de mourir. Mais au bout d'un moment, j'ai respecté la mort.*

117

«*Mais j'ai encore essayé de me suicider. Je pensais que ma vie se limiterait à tout ça* (vivre dans la rue, boire et me droguer). *Et si c'était vrai, je ne voulais pas vivre. Alors, j'ai pris une canette de coca-cola, je l'ai coupée en deux et je me suis ouvert les poignets. Peut-être que je ne voulais pas mourir. Peut-être que je voulais seulement parler à quelqu'un. C'est quand je suis allé à S...* (Centre de détention pour les mineurs). *La police m'a emmené à l'hôpital. Ils m'ont soigné et m'ont laissé dans une cellule matelassée pour la nuit.*

«*Plus tard, quand j'étais en prison, j'ai pris contact avec la réalité. J'ai vu quelqu'un mourir. Le gars dans la cellule voisine s'est tué et je les ai vus quand ils l'ont sorti de là. J'ai pensé:* "*Quand je mourai, c'est probablement à ça que je ressemblerai.*" *Je l'ai vu allongé, il ne bougeait pas. Il était allongé, ses yeux étaient ouverts et il ne bougeait pas. Il avait l'air paisible et insouciant.*

«*J'ai compris que tu ne peux pas te relever et partir. Et je n'ai plus pensé au suicide.*»

Suzanne avait douze ans quand elle a essayé de se suicider la première fois. «*Avant ça, j'avais beaucoup de problèmes avec mes parents. Je n'avais pas l'impression de faire partie de ma famille. J'étais si différente de tous les autres. C'est pour ça que j'étais si contente de partir en vacances avec mon amie et ses parents. Mais j'ai eu des problèmes pendant ces vacances. J'ai perdu ma virginité. J'ai perdu toute fierté. Je n'ai pas été abusée sexuellement, j'ai coopéré, mais je n'étais pas prête mentalement. Je veux dire que le gars s'en foutait complètement. Pour lui, j'étais une aventure d'une nuit. Ma virginité était la seule chose qui me restait et je l'avais perdue, j'avais douze ans.* (Suzanne a pris une overdose d'aspirines. Son amie ne voulait pas qu'elle meure et a persuadé ses parents d'emmener Suzanne à l'hôpital. Les parents de Suzanne n'ont jamais rien su de cette tentative de suicide.)

«*Une fois que tu as essayé de te suicider, tu y penses. C'est plus facile la deuxième fois.* (Sa voix était douce et elle parlait lentement pendant qu'elle se souvenait de la manière dont cela s'était passé.) *Les gens qui n'ont pas essayé peuvent y penser. Mais y penser et le faire sont deux choses différentes.*

«*C'était donc vraiment facile pour moi d'essayer de nouveau. Comme une habitude... comme "Essaie pour voir si ça marche." Mais je ne voulais pas vraiment que ça marche. Je voulais seulement que quelqu'un m'écoute. Alors j'y pensais sans arrêt et j'ai pris une overdose. Ma dernière pensée a été que si je n'étais pas encore morte quand mon père rentrerait, il devrait arrêter tout ça. Il est rentré à la maison et il est intervenu. Je n'ai pas essayé une autre fois depuis. J'y pense quand il arrive quelque chose. Les gens peuvent se suicider pour des imbécilités, mais pour eux c'est très important.*

«*Je voulais encore essayer de me suicider. Je ne savais pas quoi faire. Est-ce que je devais laisser une lettre? Je voulais seulement être toute seule. J'ai pensé me sauver, mais je ne l'ai pas fait.*

119

«*Maintenant, c'est plus facile de faire face à mes émotions. Une fois, j'ai sorti une lame de rasoir. Je me suis assise et je voulais le faire. Mais je n'ai pas pu. J'avais l'impression que je pourrais changer ma vie pour qu'elle soit meilleure. J'avais survécu jusque-là. Peut-être que je pourrais faire mieux. Si tu penses au suicide, c'est sûr que tu ne t'aimes pas. Et tu penses que les gens ne t'aiment pas.*»

Moi: Te demandes-tu si tu manqueras à tes parents une fois morte?

«*Tu ne penses pas à ça. Tu n'y penses pas. J'ai écrit des poèmes et ils étaient très tristes. J'avais encore une amie qui s'intéressait à moi, mais c'était la seule. J'avais un petit ami, mais il ne s'intéressait pas vraiment à moi. J'allais à l'école et je rentrais pour m'enfermer dans ma chambre, mais c'est ce que je voulais.*

«*Une fois que tu as l'idée de te suicider, tu ne peux plus t'en débarrasser. Quand tu vois un flacon de pilules, tu penses: "Pourquoi tu ne les prends pas? Tout sera fini. Tout disparaîtra."*

«*J'ai l'impression que je peux mieux m'occuper de moi maintenant. Je peux faire face à l'idée du suicide. Je peux m'asseoir pendant une heure avec une lame de rasoir à la main, une heure à réfléchir. Puis j'arrive à la conclusion que peut-être je devrais attendre et voir ce qui se passe. Voir si les choses s'arrangent.*»

Teresa considérait la mort un peu différemment.

«*J'ai essayé avec une lame de rasoir à peu près quatre fois. Puis une amie m'a apporté les pilules de nitroglycérine de son grand-père. Ça a presque réussi. Je l'ai fait à une soirée* (essayé les pilules de nitroglycérine) *et ils m'ont emmenée à l'hôpital. Ma mère ne l'a jamais su. Je n'ai pas voulu leur donner mon nom. Je n'avais pas de pièce d'identité et j'ai refusé de dire qui j'étais au personnel de l'hôpital. Alors, ils ont réglé le problème de la nitroglycérine et m'ont laissée partir.*

«*Une fois, j'ai essayé de me jeter sous une voiture, mais j'ai peur des voitures et je n'ai pas été capable de le faire. Un gros semi-remorque est passé et ça aurait été parfait, mais je n'ai pas pu le faire.*»

MOI: As-tu pensé à ce que le chauffeur ressentirait?

«*Non, non pas du tout. Je n'ai jamais pensé à l'effet que ça aurait sur les autres.*

«*J'ai pensé à ce qui se passerait après ma mort. Mes parents sangloteraient à mes funérailles et diraient: "Nous aurions dû lui parler quand nous en avions la possibilité. Maintenant, c'est trop tard." Moi, je les regarderais en riant et je dirais: "Je vous l'avais dit." Je n'aurais pas vraiment été en train de regarder les funérailles, j'aurais plutôt été en dehors de mon corps.*»

MOI: Tu ne pensais pas que la mort était définitive?

«*Non, cela ne me touchait pas vraiment que, une fois morte, je ne reviendrais pas. Ça ne me* paraissait pas aussi définitif. C'est comme si je pouvais regarder les funérailles et si je pouvais en rire.»

MOI: Quand as-tu vu la mort comme une fin?

«Quand j'ai essayé l'aspirine et le coca-cola, j'ai demandé à Dieu que ça soit définitif pour que je quitte cette vie. J'espérais aussi que ça soit lent et douloureux pour pouvoir dire: "Regardez Maman et Papa. Regardez-moi souffrir. Vous ne pouvez rien y faire."

«Quand je me suis réveillée le lendemain matin, je me suis dit: "Merde! Ça n'a pas marché!" Je m'en suis voulu parce que ça n'avait pas marché. C'était idiot.

«J'ai été furieuse contre moi pendant des semaines parce que je n'avais pas su comment faire. Je n'étais même pas capable de réussir mon suicide. Je n'étais pas capable de me tuer correctement. Qu'est-ce que je suis capable de bien faire? Je ne peux même pas me tuer. À ce moment-là (elle avait dix-sept ans), il n'était plus question de mourir.

«Après l'aspirine et le coca-cola, j'ai compris que ça ne me mènerait à rien d'essayer de me suicider.

«J'ai décidé que j'étais seule. Mes parents se moquaient éperdument de ce que je faisais. Je n'étais qu'un fardeau pour eux. J'aurais aimé avoir réussi mon suicide pour les libérer de ce fardeau. C'est ce que je ressentais. Et j'aurais vraiment voulu avoir réussi à me tuer.

«*Mais je pensais aussi: "Je ne me tue pas d'un coup. Je me tue tout doucement." Et je ne voulais pas faire ça.*

«*J'ai décidé que si j'étais vraiment un fardeau pour mes parents, j'allais faire quelque chose pour moi. Et tout a commencé à s'arranger. J'ai commencé à travailler dans tous les domaines. Mes notes ont monté, mon apparence s'est améliorée. J'ai perdu environ trente kilos. Alors tout a changé.*»

Amy avait été chassée de la maison quand elle avait environ quatorze ans. Elle avait dû faire face à beaucoup de rejet de la part de ses parents. Le suicide lui semblait préférable à la vie qu'elle menait.

«*J'ai pris une dose massive d'aspirine et un flacon de pilules contre la douleur. Je ne savais pas ce que c'était comme médicaments. J'aurais pu mourir, mais le frère de mon petit ami est venu. J'étais assez défoncée après avoir pris tout ça. Il a eu peur et il est allé chercher sa mère. Ils m'ont fait vomir.*

«*Je ne voulais pas aller à l'hôpital. Ils m'ont fait boire. Une douzaine de grands pots d'eau et ça m'a rendue malade.*

«*J'ai essayé de me suicider tant de fois et de tant de façons différentes. J'ai essayé de m'ouvrir les veines des poignets et je n'ai pas su m'y prendre. Il est évident que je n'ai pas su m'y prendre. J'ai essayé de me pendre et je n'ai pas pu trouver quelque chose d'assez solide pour supporter mon poids.*

J'ai essayé de m'étrangler avec un lacet à chaussu-res. De l'âge de treize ans à l'âge de dix-sept ans, j'ai essayé des tas de choses pour me tuer. J'ai essayé de prendre une overdose et je n'ai réussi qu'à foutre la pagaille et à avoir des problèmes.

«Une fois, des Mormons m'ont ramassée et je leur ai fait peur. Ils se préoccupaient vraiment de moi. Ils m'ont aidée à me sentir beaucoup mieux. Je pense qu'à partir de ce moment-là, quand je me suis retrouvée dans une situation désespérée, j'ai compris que le suicide ne servirait à rien. Je pense que je ne suis pas capable de me tuer ou quelque chose comme ça. Ou alors, il y a trop de monde autour de moi pour m'en empêcher. Je finis tou-jours par foutre la pagaille, je me ridiculise, je fais en sorte que les gens soient en colère après moi.

«Et je sais que les choses finissent toujours par s'arranger.» Il a fallu qu'Amy traverse des moments difficiles pour comprendre qu'elle *peut* surmonter les problèmes, qu'elle est assez forte maintenant pour faire face à toutes les situations auxquelles elle est confrontée. À dix-huit ans, elle aime vraiment son petit ami et elle a un réseau d'amis adultes. Elle a le sentiment de faire partie de ce monde et de valoir la peine. Elle se sent une autre personne que celle qu'elle était à dix-sept ans.

Daniel, dix-sept ans, est indépendant; il a l'habitude de compter sur lui-même. *«J'étais devenu très renfermé. J'avais arrêté de manger. Je ne dormais plus. J'avais tout le temps mal à la tête. Quand j'arrivais à dormir, je faisais des cauche-*

mars. J'étais très déprimé. L'école ne m'intéressait pas. Mes amis ne m'intéressaient pas. Rien ne m'intéressait. J'étais renfermé. J'ai revu un de mes professeurs du collégial, monsieur R., et il m'a dit: "Je pense que tu es déprimé. Je veux que tu ailles voir ce médecin." Il m'a donné le nom, mais je n'ai pas téléphoné. Et puis j'ai sombré dans le désespoir et j'ai appelé Tel-Aide, mais ça n'a servi à rien. Alors, j'ai téléphoné au numéro qu'il m'avait donné. Ils m'ont dit qu'ils pouvaient me donner un rendez-vous pour dans six semaines. Mais je ne pouvais pas attendre six semaines. Je ne pouvais pas du tout attendre six semaines. Alors je me suis ouvert les poignets. Mais les couteaux de cuisine n'étaient pas très aiguisés. Si j'avais eu un des couteaux que j'utilisais au travail (il travaillait dans une pizzeria), je n'aurais pas eu de problème.

«J'étais tout seul à la maison. J'avais tout planifié une semaine à l'avance. J'avais pensé au suicide pendant environ une semaine. J'avais décidé qu'il n'y avait aucune façon pour moi de m'en sortir. Je ne voulais pas continuer à vivre comme ça. Je ne savais pas vraiment ce qui se passait. Et puis ça n'a pas marché. Et je me suis senti encore plus mal.

«C'était encore pire. J'essayais de réfléchir à la façon de me suicider. Mon professeur, monsieur R., continuait à me téléphoner. Un jour, il m'a dit: "Va voir le médecin."

«Avant que je le fasse, quelque chose d'autre est arrivé. Un soir, nous avons appris que mon frère était mort. Il était mort dans un accident, l'explo-

sion d'un char d'assaut à Lahr, en Allemagne. Il était le membre de la famille dont j'étais le plus proche. J'ai de nouveau téléphoné au médecin et je leur ai dit que je ne pouvais pas attendre six semaines. Ils m'ont donné un rendez-vous dans la semaine qui suivait. Ils m'ont donné rendez-vous avec un psychiatre et je me suis retrouvé à l'hôpital en l'espace de deux heures, avant même que ma mère le sache.»

Daniel m'a beaucoup impressionnée. Il était seul pour traverser tout ça. Il n'avait aucune aide de la part de sa famille, pas d'amis ou de relations. Sa mère l'aimait. Il n'en doutait pas. Son père ne l'aimait pas. Il n'en doutait pas non plus.

Robert, dix-neuf ans, m'a parlé de ses tentatives de suicide.

MOI: Les premières fois que tu as essayé de te suicider, pensais-tu que la mort était quelque chose de définitif?

«Non, pas vraiment. Je pensais que j'irais ailleurs. La deuxième fois, j'ai menacé de m'ouvrir les poignets. (La première fois qu'il avait essayé de se suicider, il avait pris une overdose.) *J'ai tout essayé. Et après, c'était encore mieux parce que je m'imaginais que personne ne me prenait au sérieux. Je ne pouvais rien faire, alors j'ai suivi une formation de cascadeur. Je pensais que si je mourais, j'étais payé pour le faire, et je pensais que ça n'aurait pas d'importance si je mourais là-bas. Je n'avais à me soucier de personne d'autre que moi. C'était un autre genre de suicide. J'étais seul. Je*

vivais sur le bord des immeubles. Ça fait peur parce que tu es très haut. Mais ça ne te dérange pas vraiment parce que tu imagines: "Eh bien, d'accord, si je meurs, c'est que mon heure a sonné. C'est un moyen de sortir de tout ça (la vie)."

«*Ça ne me dérangeait pas de faire l'acrobate, mais ça dérangeait mes amis. Ça leur faisait peur que je fasse ça avec autant de désinvolture. J'y prenais un malin plaisir. Marcher sur le bord d'un immeuble, sur le parapet d'un pont. Je jouais à flirter avec la mort. Quand nous faisions une cascade sur un immeuble, un câble devait nous retenir. Je n'utilisais pas de câble. Ça faisait peur. Je me souviens qu'une fois je ne pensais pas vraiment à ce que je faisais et j'ai failli glisser en montrant quelque chose à quelqu'un. Je me souviens que j'ai eu très peur. Ça m'a secoué.*

«*Ça n'est pas pour ça que j'ai vu tout de suite la mort comme quelque chose de définitif. Mais j'ai commencé à prendre conscience de mes actes. Je n'avais pas besoin de mourir maintenant. Je pouvais vivre ma vie. Ce que les gens font ne me dérange plus du tout. Je peux me débrouiller tout seul. Je pense que c'est une phase que les gens traversent. S'ils voient la mort de près, mais s'ils ne meurent pas et s'ils savent qu'ils ne veulent pas vraiment mourir, ils vont s'en sortir, ils vont arrêter de flirter avec la mort. La vie n'est importante que si vous laissez quelque chose derrière vous. Si vous ne laissez rien, la mort n'a pas vraiment beaucoup d'importance.*» Robert avait fini par décider que cela valait la peine de vivre et il voulait que je dise aux autres jeunes de s'accrocher.

Ronnie m'a dit pourquoi la vie est si difficile pour les adolescents gays. *«En même temps que tu réalises que tu es gay, tu réalises que le monde te hait.»* L'école, la maison et l'église ne renvoient pas aux adolescents gays une image positive d'eux-mêmes. *«L'église calomnie les gays et le sexe»*, m'a dit Ronnie. *«Les préjugés religieux sont à la fois émotifs, égoïstes, politiques et cruels.»* Que vous soyez d'accord ou non avec Ronnie, les organisations religieuses ne sont généralement pas le bon endroit pour trouver du soutien et de l'aide si vous êtes gays.

Gail m'a dit: *«C'est étonnant, la société grossit une différence qui existe entre moi et une femme hétérosexuelle jusqu'à ce qu'on me considère comme une personne totalement différente.»*

Gail et Ronnie m'ont dit qu'il était très difficile pour les adolescents gays et les adolescentes lesbiennes de grandir sans modèle. Les professeurs, les parents et les conseillers ne vous donnent pas une vision positive de votre avenir. Il semble que si vous êtes gays ou lesbiennes, vous n'avez pas de futur. Étant donné que les familles, les écoles et les églises isolent les adolescents homosexuels, vous apprenez rarement à socialiser de façon positive. Apprendre comment aimer et s'occuper de quelqu'un est un processus. Les adolescents gays et les adolescentes lesbiennes ont autant besoin de l'apprendre que les adolescents hétérosexuels. Vous ne voulez pas apprendre dans la rue.

Les adolescents autochtones ont eu de nombreuses expériences similaires avec des professeurs et des conseillers. Étant donné que vous êtes Autochtones, vous êtes sensés échouer dans ce que vous entreprenez et être incompétents. Si on vous dit souvent que vous ne réussirez pas, vous le croyez. Les préjugés limitent les opportunités et diminuent l'estime de soi. Il est difficile de vous sentir bien avec vous-mêmes quand vous êtes traités comme un citoyen de deuxième classe.

Les adolescents autochtones qui sont aussi gays ou lesbiennes sont victimes de deux fois plus de préjugés. Alors que les préjugés font partie, aujourd'hui, de leur société, tel n'était pas le cas autrefois. Une femme Salish me parla des *hyokas*, les clowns de sa nation, qui étaient supposés servir de miroirs aux gens pour qu'ils puissent mieux se voir et mieux résoudre leurs problèmes.

«Ils étaient respectés», me dit-elle, *«considérés comme importants dans nos communautés et ils étaient souvent gays ou lesbiennes.»*

Un homme de la nation Cri me dit qu'il se souvenait que les chasseurs consultaient un homme gay pour qu'il leur donne sa bénédiction afin que la chasse soit fructueuse. Les hommes gays étaient considérés comme ayant beaucoup de pouvoir parce qu'ils avaient le pouvoir des deux genres humains. Cette position sociale dont bénéficiaient les gays et les lesbiennes, ainsi que le respect et l'admiration dont ils étaient l'objet, disparurent quand le christianisme remplaça les philosophies et la religion autochtones. Aujourd'hui, il est rare que les sociétés autochtones acceptent les adolescents gays et les adolescentes lesbiennes. L'isolement causé par ce rejet rend la vie de ces adolescents très difficile.

Le désir de vous tuer n'est pas toujours un signal important qui vous ouvre la route vers le suicide, ou une idée irrésistible. C'est parfois un désir momentané qui apparaît et disparaît.

Tanya parlait d'essayer de mourir, de vouloir mourir et, soudain, a dit *ne pas* vraiment vouloir mourir. Cela semble être une contradiction, mais vous étiez nombreux à avoir à la fois envie de mourir et envie de vivre.

MOI: (M'adressant à Tanya.) Pourquoi pensais-tu que le suicide était la seule chose qui marcherait pour toi?

«Parce que personne ne s'intéressait à moi. Et s'il n'y avait personne, je ne pouvais pas vivre toute seule.

«Je ne voulais pas m'enfuir parce que je ne voulais pas faire souffrir mes parents, ils ne m'avaient jamais rien fait.» (Cependant, Tanya m'avait dit que ses parents étaient d'un calme qui frisait l'indifférence, qu'ils avaient des attentes élevées en ce qui la concernait, que son père abusait de sa mère. Elle n'avait pas eu une vie heureuse.)

MOI: Mais, en te suicidant, n'allais-tu pas les faire souffrir?

«Je ne voulais pas mourir.»

Mike, mon ami de Toronto à la coiffure punk exagérée et au merveilleux sens de l'humour, m'a parlé de sa tentative de suicide.

«*J'ai pris une overdose de somnifères. Je gardais l'enfant de ma sœur. Il avait deux ans et était au lit. J'ai pris les pilules et je me suis senti soulagé. J'espérais que ça serait enfin terminé. C'était comme ça que je voulais partir. Juste m'endormir. Ça faisait si longtemps que je voulais le faire et je l'avais enfin fait. J'ai pensé à me tuer pendant à peu près un an et demi.*

«*Chaque fois que je me disputais avec mes parents, je pensais au suicide. Ou si quelque chose arrivait à l'école, je m'allongeais dans ma chambre, j'écoutais de la musique et j'y pensais.*

«*Ma sœur est rentrée de bonne heure. Elle m'a transporté d'urgence à l'hôpital et ils m'ont fait vomir. Mais je n'ai pas tout vomi, alors ils m'ont fait un lavement d'estomac. C'est dégueulasse. Heureusement, mes parents ne l'ont pas su. Ma sœur n'a rien dit. Je lui avais demandé de ne pas en parler. Ma sœur et moi sommes très proches. Nous n'avons pas de secrets l'un pour l'autre.*

«*J'ai passé un accord avec elle. Je n'essaierais plus de me tuer si elle ne disait rien à nos parents.*

«*Le psychiatre de l'hôpital m'a vu un jour. Il est venu et m'a parlé de ma tentative de suicide, mais je ne l'ai jamais revu. Il n'a rien fait. Il ne m'a pas aidé à soigner mes tendances suicidaires.*

«*J'avais pensé à toutes les raisons pour lesquelles je devais me tuer. J'en avais fait la liste dans* ma tête. *Je pensais que je devais disparaître à cause de tout ce qui se passait. Je ne pensais pas une minute que les choses pourraient s'arranger. C'était ça, ou je partais de la maison et je n'avais pas l'impression que ça m'aiderait. Ça ne ferait qu'augmenter mes problèmes.»*

MOI: Pourquoi ne pouvais-tu pas partir de la maison?

«Ça n'aurait fait que me causer de nouveaux problèmes. J'aurais dû trouver un endroit où habiter et tout ça.

«Juste avant d'essayer de me suicider, le père et le jeune frère de ma petite amie étaient morts dans un accident de voiture. Toute sa famille s'appuyait sur moi. Sa mère et son frère. J'avais dix-sept ans. Ma petite amie avait dit à sa mère que nous allions nous marier au mois de mai. Sa mère pensait donc que nous étions fiancés et ça explique pourquoi elle s'appuyait sur moi. Elle pensait qu'elle pouvait le faire. J'étais chez ma sœur quand cela est arrivé et j'ai pris le premier avion pour Toronto à six heures du matin. Je suis resté un moment à l'hôpital avec ma petite amie. Ce qui m'inquiétait, c'est que je n'avais jamais vu un mort auparavant. Mais je suis allé à la veillée mortuaire et je les ai vus tous les deux, le père et l'enfant, couchés devant moi. Et je n'ai pas pu pleurer. Je n'avais aucune envie de pleurer et ça m'a vraiment inquiété. J'étais si triste. Je les aimais tant tous les deux, surtout l'enfant. Il avait deux ans. Il avait fêté son anniversaire deux semaines plus tôt. Il était tellement adorable.»

MOI: Il y avait eu l'avortement auparavant (l'avortement de sa petite amie, son bébé). Cela faisait donc trois morts?

«*Exactement.*

«*Mon amie s'appuyait beaucoup sur moi parce que ses parents venaient de se séparer.*» Mike leva soudain les yeux. «*Ça ressemble à un feuilleton mélo.*»

MOI: Est-ce qu'il y avait autre chose?

«*Probablement.*

«*Je suis retourné chez ma sœur et, le jour où j'ai essayé de me suicider, j'ai couché le bébé à huit heures et j'ai pris les pilules. Après, j'ai parlé à un ami au téléphone. Il se peut qu'il ait téléphoné à ma sœur. Il savait peut-être que j'avais pris quelque chose. C'est peut-être pour ça qu'elle est rentrée de bonne heure. C'était la semaine après l'accident dans lequel le père et le frère de mon amie étaient morts. C'était la première fois que j'étais seul et que je pouvais essayer quelque chose. Quand j'étais chez mes parents, j'avais pensé que je ne voulais pas vraiment disparaître de cette façon. Il y avait une autre façon que je préférais. J'y avais réfléchi. Aller dans le garage et mettre la voiture en marche. De cette manière, tu t'endors. C'est beaucoup plus facile et moins douloureux. Mais ma sœur n'avait pas de garage, alors j'ai dû recourir à mon deuxième choix: les pilules.*

«*Quand j'ai essayé de me suicider, ouais, je pensais que la mort était définitive, une fin en soi. Je*

pensais qu'il valait mieux mourir. Je ne m'atten-
dais pas à survivre. J'espérais ne pas survivre.

«Quelqu'un aurait dû m'écouter et peut-être me
parler, un ami ou quelque chose comme ça.
M'aider.»

Quand vous m'avez parlé des raisons qui vous
ont conduits au suicide, il m'a semblé que, quelque
soit ce qui vous avait amenés à cette décision —
qu'il s'agisse d'une décision mûrement réfléchie au
fil des semaines, ou d'une décision rapide, impul-
sive prise en l'espace de quelques minutes —
c'était le résultat de mois, parfois d'années de problèmes que vous aviez vécus chez vous. Bien sûr,
ce n'est peut-être pas vrai pour tout le monde. Certaines personnes peuvent réellement avoir une
envie soudaine et irrésistible de se suicider.

Janet m'a raconté: *«Quand j'avais douze ans,*
j'ai volé de l'argent à l'école. J'ai été exclue tempo-
rairement. Ma grand-mère m'a dit: "N'essaie pas
de te sauver parce que la police te rattrapera." Je ne
voulais pas avoir à endurer ce qui m'attendait avec
le directeur de l'école et tout le reste. Alors j'ai pris
des pilules. Je croyais qu'elles étaient fortes. J'ai
vomi. Mais c'est tout.

«Je pense que personne ne l'a su. Je l'ai raconté
à mon amie longtemps après.»

Janet essaya de nouveau de se suicider à dix-
sept ans.

MOI: Pourquoi le suicide était-il un choix pour
toi?

«Je ne voulais pas avoir à affronter la vie. Je voulais partir. Ne pas avoir à faire face. Je voyais la mort comme un moyen de ne pas être là.»

MOI: Qu'aurais-tu voulu qu'il arrive quand tu as essayé de te suicider?

«J'aurais voulu mourir.» Vous avez été quatre à répondre à ma question de cette façon. Mais quand j'ai demandé à Janet ce qui lui ferait changer d'avis si elle envisageait se suicider maintenant, elle m'a dit: *«Juste une petite lumière au bout du tunnel. Même une toute petite lueur.»*

S'il lui était permis de croire que la vie deviendrait meilleure pour elle, si elle avait de l'espoir, elle essaierait de faire face à la vie.

7

Que devez-vous changer dans votre vie ?

Elle est assise dans un coin, dos au mur
Les étudiants chuchotent mais ne disent rien
Elle joue avec son crayon, ses doigts, ses cheveux
Cible des commérages, elle est au désespoir
Le professeur la condamne sans plus réfléchir
Car elle est assise au fond de la classe,
Près de la fenêtre, elle détonne dans cette pièce
Le professeur la regarde d'un œil sévère
La fille lui sourit, son visage ment
Le professeur essaie de savoir ce qu'elle pense
Mais n'arrive jamais à connaître vraiment
son désespoir
Désorientée jusqu'à l'éternité
Elle n'a pas besoin de critiques,
elle a seulement besoin d'amis.

– T.S.

Étant donné que je n'ai parlé qu'à trente d'entre vous, je ne peux faire des conclusions hâtives sur ce que ressentent toutes les adolescentes et tous les adolescents canadiens, ou nord-américains. Je

137

ne peux rapporter que ce que pensent et ressentent trente d'entre vous. Il ne fait aucun doute que vous n'êtes pas tous identiques. Les personnes qui envisagent le suicide sont très différentes les unes des autres. Il semble raisonnable de supposer que de nombreuses personnes, si les circonstances sont assez difficiles, si le stress est assez fort et si elles disposent de très peu de soutien au niveau émotif, envisageront le suicide — et certaines peuvent passer à l'acte.

Les problèmes que vous viviez et qui vous ont poussés au suicide ont engendré une forme de douleur qui a tout obscurci et n'a laissé la place qu'à votre souffrance. Je me souviens, quand j'avais quinze ans, avoir enduré de violentes douleurs physiques suite à une fracture de la hanche. La douleur était si forte, si envahissante, que j'aurais fait n'importe quoi pour ne plus la sentir. Je voulais de la morphine (et on m'en a donné) pour fuir dans le noir. La souffrance qu'entraîne une estime de soi quasiment nulle doit ressembler à ça. La fuite est plus importante que tout.

Mais la souffrance ne reste jamais au même degré. Pour personne. Quand vous avez raté votre suicide et quand la vie a continué, votre souffrance a changé.

La cause de vos problèmes a rarement changé. Aucune fée n'a transformé vos parents en personnes affectueuses et aimantes — s'ils étaient la source de vos problèmes. Il n'y avait pas de morphine émotive. La plupart du temps, le changement qui vous a rendu la vie plus facile et plus vivable venait de vous. J'ai l'impression de n'avoir jamais vu auparavant de changement si radical et si durable.

Le changement d'attitude à votre égard a été spectaculaire. Soudain, vous avez compris quelque chose d'important sur vous-mêmes. Certains ont compris qu'ils étaient seuls et qu'ils ne trouveraient pas d'aide au sein de leur famille. Cette révélation les a amenés à penser que, même si leurs parents avaient une mauvaise opinion d'eux, ils valaient quelque chose, et que le suicide n'était pas inévitable. Une révélation de ce type a entraîné de grands changements dans votre attitude et vous avez découvert que vous envisagiez la vie d'un œil différent. Vous avez découvert que vous aviez davantage de contrôle sur la vie, davantage de choix et un avenir plus prometteur.

Cependant, souvent le changement dans votre vie n'est pas venu de vous. Les circonstances ont changé autour de vous et vous ont influencés: un parent abusif est parti, vous avez quitté le domicile de vos parents, vos parents vous ont acceptés, vous avez trouvé un conseiller qui vous a aidés. Cela a suffisamment modifié votre vie pour que vous apportiez peu à peu d'autres changements. Au bout de quelque temps, vous avez réalisé que vous faisiez face à vos problèmes. Vous avez cherché à l'aveuglette un chemin pour sortir du brouillard dans lequel vous viviez; pas à pas, vous avez avancé vers une vie plus positive. Vous n'étiez pas certains de réussir, mais quand vous avez regardé le chemin que vous aviez parcouru, vous avez commencé à avoir confiance. Un grand nombre d'entre vous, qui avaient essayé de se suicider, sont parvenus à avoir une grande confiance en eux.

Certains ont essayé de contrôler leurs sentiments en contrôlant la vie autour d'eux. Vous ne pouviez pas contrôler les problèmes en vous, alors vous avez essayé de contrôler tout ce qui vous entourait. Vous avez trouvé la vie quotidienne beaucoup plus difficile que ceux qui avaient fait face à leurs problèmes et avaient compris quelle était leur nature.

Suzanne comprit que jamais ses parents ne lui donneraient l'amour qu'elle voulait. Cela en fit une personne forte. Beth n'acceptait pas que ses parents ne l'aiment pas, ou que l'amour de ses parents ne l'aide pas. Bien qu'elle me confiât qu'elle avait été abusée quand elle était enfant, pour elle cela ne signifiait pas qu'on ne l'aimait pas.

«Ça fait quinze mois que je n'habite plus chez mes parents. Quand je suis partie, je n'avais aucune estime de moi. Mais Jim a essayé au cours de ces derniers mois de me convaincre que je suis jolie.»

MOI: Tu es vraiment fantastique! (Elle avait des boucles auburn, des yeux verts, une peau laiteuse.)

«Oh, non! J'ai été élevée en entendant "Tu dois maigrir, Beth. Tu n'es pas jolie. Tu n'es pas ci."

«Si quelqu'un disait: "Ouah! Tu es jolie." Je pensais: "Non. Tu me dis ça pour me faire plaisir." Je pensais sincèrement que j'étais vraiment, vraiment laide. Maintenant, je suis au stade où je pense que je ne suis pas si mal que ça. Bien sûr, je savais que j'étais intelligente, mais mes parents disaient que j'étais paresseuse. Et, en ce qui concerne ma personnalité... Ils disaient que j'étais une peau de vache. Je pleure trop ou "Tu es trop grosse, Beth. Tes cheveux ressemblent à un nid de rats." Ou bien "Tu t'habilles mal." Je n'ai jamais rien fait de bien. J'ai grandi avec cette idée.»

Beth a souvent été battue quand elle était jeune. Son père la battait avec une ceinture. Quand elle a eu seize ans, elle lui a rendu ses coups.

«Je me suis sentie coupable. Je ne l'ai jamais refait.»

MOI: Tu t'es sentie coupable?

«Bien sûr, c'est mon père. Je dois le respecter.»

MOI: Respectes-tu les gens qui frappent les femmes?

«Mon père n'a jamais levé la main sur ma mère.»

MOI: Tu n'es pas une femme?

«Je pense que c'est parce que j'étais sa fille. C'est drôle que nous parlions de ça parce que, quand j'étais à l'hôpital (en psychiatrie), j'ai entendu des histoires affreuses. Une fille dont le père avait l'habitude de l'abuser sexuellement. Une *autre dont le professeur l'abusait sexuellement et que personne ne croyait. Et une fille dont le père la poursuivait avec une hachette.»*

MOI: Est-ce que ton père a abusé de toi sexuellement?

«Je ne sais pas. On me l'a dit. Ma mère avait l'habitude de faire des allusions quand j'étais jeune. Mais je ne m'en souviens pas. Rien quand j'étais adolescente en tout cas.»

Beth pensait, malgré la manière dont ses parents l'avaient traitée, qu'ils étaient gentils et qu'elle était méchante.

«Mes parents m'aiment.» Je vous ai souvent entendus dire que vos parents vous aimaient. Aimer est un mot au sens très large et je ne suis pas certaine que nous sachions de quoi nous parlons quand nous l'utilisons. Peut-être vos parents s'occupaient-ils de vous de la seule manière dont ils savaient s'occuper de quelqu'un. Mais peut-être que ce type d'amour ne suffisait pas. Peut-être vos parents s'occupaient-ils de vous, mais ne comprenaient pas ce dont vous aviez besoin.

Si vous aviez l'impression qu'ils vous aimaient vraiment et s'occupaient de vous, mais qu'ils abusaient de vous et vous négligeaient parce que vous n'étiez pas quelqu'un qu'on pouvait aimer et parce que vous étiez foncièrement mauvais, alors vous coopériez à votre propre destruction. Pour certains d'entre vous, c'était préférable que d'admettre qu'ils ne vous aimaient pas. Dans ces circonstances, il était difficile de vous libérer de l'attitude selon laquelle vous étiez quelqu'un de mauvais et incapables de changer votre vie.

Je vous ai demandé ce qui, selon vous, devait changer pour que le suicide ne soit plus un choix pour vous.

Mike et Jake m'ont dit que le suicide était toujours un choix. Vous avez, comme tout le monde, la possibilité de vous ôter la vie. Mais pour la plupart, vous avez interprété ma question comme suit: Quand est-ce que vous ne voudrez plus vraiment vous suicider?

Suzanne m'a dit: *«J'avais besoin de savoir qu'il y avait quelqu'un pour s'occuper de moi. Peut-être que j'avais besoin de mes parents. Je savais que si j'allais voir ma mère et si je lui disais: "Écoute maman, je pense à me suicider. Veux-tu m'aider?" Elle m'aurait dit: "Quoi? Pourquoi? C'est complètement idiot." Je me serais faufilée hors de la pièce. Les règles doivent donc changer: "Cessez de me critiquer. Cessez de me dire que j'ai tort. Juste, aidez-moi."»*

Cela n'arrivera peut-être jamais chez Suzanne, parce qu'elle demande à quelqu'un d'autre, sa mère, de changer. Et elle n'a aucun contrôle sur la manière dont sa mère agit.

Leslie essaya d'excuser sa mère. Elle essaya de justifier pourquoi sa mère ne pouvait pas l'aider. Elle ne voulait pas penser que sa mère n'avait rien à faire d'elle.

«J'aurais aimé qu'elle me parle, mais je lui trouvais toujours des excuses — elle est trop fati-

guée; c'est une adulte; elle vieillit; elle doit se lever tôt le matin. Je trouvais toutes ces excuses pour expliquer pourquoi elle ne me parlait pas.»

Mais quelqu'un a parlé à Leslie. C'est ce qui a fait une grande différence dans sa vie. Deux amis ont passé des heures à parler avec elle. Ils l'ont aidée au plus profond de sa dépression et l'ont soutenue pendant les mois qui ont suivi. Quand Leslie a eu confiance en elle, elle a été davantage capable d'entretenir une relation avec sa mère.

Un agent de police, que je connais, répondit à un appel et trouva un garçon qui avait tenté de se tuer. Il fit monter le garçon en voiture avec lui. *«Je n'avais pas d'endroit où l'emmener. Je ne pouvais pas l'enfermer dans une cellule et je ne pouvais pas l'emmener à la maison. Il fallait que je travaille. Il n'y avait pas de centre d'urgence dans cette petite ville.»* Il a gardé le garçon avec lui toute la nuit pendant qu'il patrouillait. Il l'a écouté et lui a parlé. *«Ses parents buvaient et il n'y avait personne chez lui. Il devait s'occuper des autres enfants et ne pensait pas être capable de continuer à le faire. Je savais ce qu'il voulait dire. Moi aussi, j'ai été élevé dans la réserve autochtone. J'ai eu les mêmes problèmes. Je lui ai dit que ça n'était pas de sa faute. Que ça n'était pas à lui de maintenir sa famille unie. C'était une tâche trop lourde.»* Ce garçon pensait que la vie n'était que problèmes.

Parfois, vous avez fait un changement physique. Vous êtes partis de la maison parce que vous saviez que les comportements de votre famille étaient destructeurs et vous ne voyiez aucun moyen de les changer.

Parfois, vous étiez incapables de voir que quelque chose n'allait pas dans votre famille. Vous pensiez que vous étiez la cause de tous les problèmes. J'ai rencontré Tanya dans un parc. Nous nous sommes assises sur un banc, au soleil, et avons regardé les canards sur l'eau et les enfants jouer sur l'herbe. Tanya était si intelligente qu'elle a captivé mon attention pendant deux heures. Elle était aussi tellement affectueuse et perspicace, qu'elle m'a enseigné beaucoup de choses au cours de ces deux heures.

Tanya considérait ses parents comme des parents aimants qui faisaient de leur mieux pour l'aider.

«Je n'ai que des louanges depuis que c'est arrivé (ses tentatives de suicide). Et c'est une forme de pression. En fait, ça a toujours été comme ça. Ils m'ont toujours mise sur un piédestal. Et ils disent toujours à ma sœur: "Pourquoi n'es-tu pas comme Tanya? Elle est si gentille." C'est mauvais pour ma sœur et c'est mauvais pour moi. Ça veut dire que je ne peux jamais faire une erreur. Et quand je sens que je fais des erreurs, je m'arrête, je fais marche arrière et je me dis: "Qu'est-ce que papa voudrait que je fasse?" Je le fais souvent. C'est le syndrome de la petite fille. Essayer de faire plaisir à tout le monde. Si tu arrives à te faire plaisir en même temps, c'est un bonus.

«*Mon père ne me dit jamais quoi faire. Je veux dire que je fais mes choix. Quoique je fasse, il dit toujours que ça lui convient. Mais j'ai l'impression que ça n'est pas vrai.*

«*Je vois mon père comme un dieu, comme un homme parfait qui peut impressionner tout le monde. Qui gagne des millions de dollars par an, et jamais je ne pourrai faire comme lui. C'est pour cette raison que je me sens médiocre, tout à fait médiocre.*

«*J'ai l'impression de maintenir ma famille unie. Mes parents ne s'entendent pas très bien. Aussi longtemps que je me souviens, je leur ai toujours servi de médiatrice. Je me rappelle que, lorsque j'avais quatre ou cinq ans, à chaque fois qu'ils se disputaient, je me mettais au milieu et je leur demandais: "S'il vous plaît, ne vous disputez pas. S'il vous plaît, ne vous disputez pas." Ils se fâchaient et mon père m'attrapait par le bras et m'emmenait dehors. Je ne voulais pas aller avec lui. Je voulais rester avec ma mère. Je le détestais. Il me faisait peur. J'ai toujours l'impression que je dois jouer le rôle de médiatrice. Ma sœur est paumée. Elle ne sait pas ce qu'elle veut faire. Elle veut paresser pour le restant de ses jours. Ça met mes parents hors d'eux-mêmes. Je sais qu'elle a l'impression que c'est moi qui ai toute leur attention. Et c'est vrai. J'ai toute leur attention et je n'en ai pas vraiment besoin.*

«*Je ne pense pas une minute à blâmer mes parents. Et je ne les blâmerai jamais. Si quelqu'un doit les blâmer, ce sera eux. Je suis seulement victime des circonstances.»*

Tanya se blâme parce qu'elle se sent incompétente; cependant elle m'a dit qu'elle a subi des pressions énormes pour être la fille parfaite, celle qui maintient la famille unie. Elle n'a pas le sentiment d'être valorisée pour ce qu'elle est, mais seulement pour ce qu'elle peut faire.

Quand vous pensez que vos problèmes proviennent de vos incapacités, il est très difficile de les surmonter pour être plus heureux. Pour y arriver, Janet s'appuie sur le slogan des Alcooliques anonymes: "Un jour à la fois".

J'ai été sidérée par votre courage. Je trouvais difficile d'avoir plus de deux entrevues par jour, car je devais retrouver mon équilibre émotif. Je vous quittais après une conversation qui pouvait durer entre une heure et demie et deux heures et demie et je cherchais un endroit où m'asseoir toute seule. Je pensais à vous et je me laissais envahir par vos émotions. Je comprenais le courage qu'il vous fallait pour continuer à vivre et je devais surmonter ma colère de vous savoir si seuls. Vous n'attendiez rien de moi. Vous saviez que je réunissais des informations pour rédiger un livre et que je n'étais pas une thérapeute; vous ne vous attendiez donc pas à ce que je vous donne des informations ou de l'aide. Vous vouliez seulement m'aider à écrire ce livre.

Et quand il m'arrivait parfois d'être déprimée par tous les obstacles auxquels vous deviez faire face, ce que je trouvais le plus difficile à supporter c'était que (pour certains) vous étiez convaincus de mériter tous les problèmes que vous aviez. Je ne pouvais pas l'accepter. J'étais furieuse contre vos parents, vos professeurs, contre moi-même, contre toute la société qui permettait à un enfant de grandir en ressentant tout ça. Vous m'avez fait passé de mauvais moments. En même temps, ceux d'entre vous qui avaient fait face au terrible choque émotif qu'ils avaient ressenti lorsque leurs parents les avaient rejetés et qui avaient décidé de construire leur vie en utilisant leurs propres forces et leur foi en eux, m'ont profondément inspirée. J'ai pensé que si vous, jeunes gens ordinaires de treize ans, quinze ans, ou dix-sept ans, avez pu faire quelque chose d'aussi difficile, d'autres personnes peuvent le faire et il y a de l'espoir pour tous.

8

Faites-vous partie de ceux qui risquent de se suicider?

Elle aurait pu mourir d'une overdose
Heureusement, pas moi
Elle a pensé plusieurs fois qu'elle était enceinte
Heureusement, pas moi
Sa vie c'était la drogue, l'alcool,
le sexe et les disputes
Heureusement, pas moi

Va-t-elle y arriver avant de craquer
et d'avoir nulle part où aller
Elle s'est retrouvée dans la rue plusieurs fois
Sans chaleur, sans nourriture et sans vêtements

Elle a été abandonnée plus d'une fois
Ça ne peut être moi, ça ne peut être moi.

– DIANA

Le suicide ne résout pas les problèmes. Le suicide est une tentative de fuir la souffrance et la plupart d'entre vous le savent. Il ne vous permet pas d'avoir une vie meilleure; il met un terme à tout.

Certains d'entre vous pensaient être "fous" ou "bizarres" de songer au suicide. Vous pouviez parler à vos parents d'une station spatiale sur Mars, des greffes d'organes, de l'existence d'extraterrestres, mais vous ne pouviez pas leur parler du suicide. Vous étiez certains que les gens allaient penser que vous étiez fous. Vous êtes extrêmement nombreux à juger qu'il est mal, bizarre ou anormal de songer au suicide. Pourtant, de nombreux adolescents y songent.

Est-il dangereux de penser au suicide? Pas du tout. Les adolescents qui songent au suicide sont-ils sur le point de passer à l'acte? Tout le monde devrait essayer de répondre à cette question. Vous avez été si nombreux à ressentir les mêmes sentiments, à adopter les mêmes attitudes pour faire face aux problèmes, que vos comportements peuvent alerter les autres et les informer que vous avez besoin d'aide. Aucun des symptômes dont je vais parler, et qui indique que vous souffrez de stress, ne peut être considéré en soi comme un indice selon lequel une personne va se suicider, mais la combinaison de plusieurs symptômes, oui. Le nombre de symptômes, ainsi que les autres signes qui les accompagnent, est proportionnel au stress subi par la personne qui les présente. Par conséquent, plus elle montre de symptômes et de signes, plus elle risque d'essayer de se suicider — théoriquement. Mais cela ne tient pas compte du fait que chaque individu est unique et différent des autres. Il existe des personnes qui présentent un grand nombre des signes de stress décrits ci-dessous et qui n'envisagent jamais de se suicider.

Mon fils m'a dit: «*Ne reste pas fixée sur le suicide. Des jeunes ont les mêmes problèmes et ont des façons différentes d'y faire face.*» Toutes les personnes qui ont ces symptômes n'essaient pas de se suicider, mais elles sont nombreuses à le faire. La plupart d'entre vous, qui avaient essayé de se suicider, présentaient plusieurs symptômes, dont ceux que je vais vous décrire maintenant.

Essayez de penser à ces symptômes de stress qui conduisent au suicide de la même manière que vous penseriez aux symptômes d'un rhume. Une personne enrhumée n'est pas anormale. Elle a simplement un rhume. Son corps est envahi par le virus du rhume et ne peut l'affronter; elle présente donc les symptômes d'un rhume. Une personne envahie par des problèmes peut se laisser submerger par l'idée du suicide. Au lieu d'une gorge irritée et d'un nez qui coule, qui vous indiqueraient qu'elle est enrhumée, elle présente des symptômes de stress susceptibles de la conduire au suicide. Ils indiquent l'existence d'un problème.

Le premier domaine dans lequel vous étiez nombreux à avoir des problèmes était votre famille. Vous pouviez aimer vos parents, mais sentir que l'un d'eux ou tous les deux souhaitaient que vous partiez de la maison, que vous changiez, que vous soyez différents, ou que vous restiez loin d'eux. L'un de vos parents ou les deux ne vous acceptaient peut-être pas. Parfois, ils vous acceptaient à certaines conditions. C'est-à-dire qu'ils vous acceptaient tant que vous aviez de bonnes notes, que vous vous habilliez bien et que vous répondiez à leurs attentes. Vous saviez qu'en dépit de tous vos efforts pour leur faire plaisir, ils ne seraient jamais contents parce qu'ils ne vous acceptaient pas vraiment pour ce que vous étiez, et toutes leurs critiques n'étaient qu'une manière de vous le dire.

Il se peut que vous ayez réagi à ce rejet en vous éloignant d'eux, en passant beaucoup de temps dans votre chambre ou en dehors de la maison. Vous vous êtes isolés de plus en plus jusqu'à ce que vous passiez très peu de temps en compagnie d'autres personnes, notamment de vos amis. Vous n'hurliez pas, vous ne criiez pas, vous ne vous disputiez pas et vous ne réclamiez pas l'attention de votre entourage. Vous vous êtes éloignés doucement de votre famille et de vos amis jusqu'à ce que vous meniez une vie solitaire et n'échangiez plus rien avec personne.

Si vous viviez en dehors de la ville, il vous était plus facile de vous isoler. Il semble difficile de se faire un réseau d'amis à la campagne, où les adolescents vivent à plusieurs kilomètres les uns des autres. L'adolescence peut comporter de brèves périodes de grande solitude. Ces sentiments de solitude sont parfois intensifiés quand des jeunes les ressentent et vivent réellement isolés.

Ces périodes de grande solitude peuvent aussi se produire en ville. Vous pouvez vous sentir seuls au milieu de la cafétéria de votre école. Une fois prisonniers de cette solitude, vous n'alliez généralement chercher personne pour vous aider. Vous appreniez à faire face au rejet. Vous vous repliiez sur vous-mêmes. Il se peut que cela ne vous ait pas aidés à résoudre votre problème, mais cela vous a soulagés et vous a permis de fonctionner à ce moment-là.

Peut-être avez-vous réagi face au rejet de vos parents en ne leur parlant que des sujets qu'ils voulaient aborder. Vous parliez rarement de vos idées. Ils réagissaient au fait que vous vous repliiez sur vous-mêmes en vous rabaissant, en vous ridiculisant, en vous insultant, en vous disant que vous étiez stupides, paresseux, ratés et que vous ne valiez rien. Il va de soi que tous les parents n'ont pas agi de la sorte, mais certains passaient beaucoup de temps à vous crier après. Cela vous faisait vous sentir encore moins aimés. Certains parents ont abusé de vous physiquement, vous ont battus à coups de poing ou avec des objets, bien que cela devenait de plus en plus rare quand vous grandissiez. D'autres avaient constamment une attitude de rejet qui se manifestait par des brimades continuelles; par exemple, ils vous laissaient dehors en verrouillant les portes de la maison, ils éteignaient les lumières extérieures quand vous étiez sortis pour vous rappeler que vous n'étiez pas les bienvenus à la maison, ils oubliaient de mettre un couvert pour vous à la table, ils vous excluaient de leurs sorties familiales, parlaient de vous en votre présence comme si vous n'étiez pas là. Vous vous sentiez impuissants. La plupart du temps, vous ne saviez pas comment changer ces comportements.

Parfois, les brimades étaient plus subtiles. On vous reprochait ce que vous aviez fait de mal, puis on vous disait que votre mère, votre père, votre frère ne faisaient que vous taquiner. Vous vous sentiez agressés puis confus parce que l'agresseur vous disait que votre réaction était démesurée et qu'il vous avait seulement taquinés. C'est une forme d'agression. Votre première réaction était généralement justifiée. On vous avait agressés.

Parfois, vos parents commettaient de petits actes insidieux et répétés qui vous faisaient vous sentir incompétents. Peut-être votre mère faisait-elle votre lit et rangeait-elle votre chambre tous les jours. N'était-ce pas gentil de sa part? Mais vous aviez le sentiment qu'elle ne respectait pas votre intimité, qu'elle vous disait que vous étiez encore une petite fille, que vous aviez besoin qu'on s'occupe de vous, que vous n'étiez pas compétente.

Ces comportements subtils vous faisaient vous sentir mal à l'aise. Vous saviez que quelque chose clochait, mais vous ne saviez pas quoi. Rien de ce que faisait votre famille ne semblait suffisamment important pour justifier une telle réaction émotive de votre part.

Très souvent, vos sentiments étaient tout à fait appropriés. De petites pressions subtiles et constantes peuvent causer de gros problèmes dans l'image que l'on a de soi. Par exemple, si vous posiez une question à l'un de vos parents et si votre père, ou votre mère, n'y répondait pas, vous vous sentiez sans importance, presque invisibles. Il est utile de savoir que *la plupart* des personnes se sentiraient humiliées dans une telle situation. Vos sentiments sont justifiés.

De nombreux adolescents se raidissent automatiquement quand un de leurs parents leur dit: *«Parce que je t'aime, je voudrais te dire...»* ou *«Pour ton bien...»* Ces remarques cachent généralement une critique. Il est tout à fait normal que vous vous sentiez blessés. Il est tout à fait normal que des adolescents aient confiance en leurs réactions.

Dans de nombreuses familles, personne ne vous a parlé de sexualité. Personne ne vous a parlé de ce qui était important, mais particulièrement de sexualité. Personne ne vous a parlé des choses réelles et pratiques de la vie. Personne ne vous a parlé des sentiments reliés à la sexualité, de la manière dont vous devriez agir dans diverses situations. Même aujourd'hui, à une époque où nous sommes supposés aborder en toute franchise tous les sujets, certains d'entre vous ont été handicapés par leur manque de connaissance dans le domaine de la sexualité. Vous aviez l'impression que tout le monde, sauf vous, connaissait les règles.

Certains ne savaient pas comment faire face aux pressions de leurs amis d'école en ce qui a trait à la sexualité. Vous avez été entraînés à adopter les pratiques sexuelles de votre groupe avant d'avoir réellement pu prendre une décision. Personne ne vous a aidés à découvrir si ce comportement vous rendrait heureux. Vous avez été nombreux à être accusés de promiscuité sexuelle, de coucher à droite et à gauche alors que vous étiez innocents. Vos parents vous ont traitées de "salopes" et de "putains", souvent sans aucune raison, et vous vous êtes senties blessées et perplexes. Parfois, vos parents (ou un de vos parents) n'étaient pas sûrs de leur propre sexualité, certains d'entre eux avaient des aventures ou des liaisons occasionnelles. Quand vous avez atteint la puberté, vos parents (ou un de vos parents) ont projeté sur vous leurs plus grandes peurs et vous ont accusés. Ils ne vous ont pas aidés et n'ont pas arrêté de vous accuser, peu importe si vous étiez innocents. Dans de telles conditions, la plupart d'entre vous n'ont plus essayé de prouver leur innocence et ont cherché des expériences sexuelles.

Les films et la télévision présentent la sexualité comme un sport. Cependant, vous avez très vite appris que les actes sexuels donnent naissance à des émotions et qu'ils peuvent vous troubler, vous faire souffrir et même vous humilier.

Il n'est pas anormal d'être troublé par la sexualité, surtout quand vous commencez à découvrir ce que c'est. Cela me surprend toujours que nous puissions nous attendre à ce que les adolescents sachent tout de la sexualité. Nous leur donnons des cours de mathématiques pour qu'ils apprennent à faire des additions, mais nous leur donnons rarement beaucoup d'informations sur un sujet aussi important que la sexualité. Certains d'entre vous ont eu très peu d'informations et d'encouragements pour prendre conscience de leur sexualité. En dépit des livres qui nous disent que nous devrions tous parler plus ouvertement et plus honnêtement de la sexualité, nous disons encore aux adolescents d'ignorer leur sexualité, de faire comme si leur corps n'avait pas changé, comme si leurs sentiments n'avaient pas évolué, de faire comme s'ils étaient encore des petites filles et des petits garçons et d'ignorer cette nouvelle personne excitante, intéressante et digne d'amour qu'ils sont devenus. Et soudain, comme par magie, tout le monde devrait comprendre ce qu'est la sexualité.

Le conflit que cela a créé en vous a souvent ajouté à votre stress, mais cela ne semble avoir augmenté votre tendance au suicide que si vous n'avez pas pu en parler avec vos parents.

Beaucoup d'entre vous ont vu leurs notes chuter suite aux difficultés de plus en plus grandes auxquelles ils étaient confrontés. Vous avez commencé à manquer l'école. (Pourquoi y aller si vous étiez certains d'être l'objet de tracasseries parce que vous ne faisiez pas votre travail?) Ou bien, vous aviez de bonnes notes, mais ce n'était pas assez pour vos parents.

Quand vous avez eu l'impression que vous étiez bons à rien et que rien n'allait comme vous le vouliez, vous vous êtes sentis impuissants. Peut-être que vos vêtements reflétaient ce sentiment. Peut-être que vous portiez seulement des vêtements pour ne pas être arrêtés pour indécence, ou bien peut-être que vous avez apporté beaucoup de soin à vos vêtements afin de créer un déguisement

157

derrière lequel vous cacher. Vous pouviez vous vêtir de noir et vous maquiller pour être pâle comme un mort, ou peut-être aviez-vous des cheveux longs qui cachaient vos yeux. Vous avez peut-être essayé des déguisements pour voir comment vous vous sentiez, ou encore vous avez peut-être utilisé vos vêtements comme un écran qui vous protégeait du monde.

Quand vous vous sentiez incapables de faire face à vos problèmes, vous passiez beaucoup de temps à rêver éveillés. Cela peut être un moyen inoffensif de fuir (cela m'aide à garder mon calme quand je fais la queue à la banque ou chez l'épicier), mais cela peut devenir un monde de fantasmes dans lequel se réfugient les gens et qui les coupe de la réalité. Beaucoup d'entre vous se souvenaient avoir passé de longues heures à rêver éveillés juste avant leur tentative de suicide. En rêvant, vous êtes devenus incapables de vous concentrer. Votre esprit semblait ne pouvoir accorder son attention à quoi que ce soit. Vous aviez l'impression d'être toujours à moitié endormis. Parfois, vous aviez l'impression d'avoir quitté votre corps et d'être assis derrière vous, à vous regarder, toute la journée.

Parfois, vous avez changé vos habitudes alimentaires. Vous mangiez beaucoup plus, vous vous bourriez de nourriture dans l'espoir de grossir et de devenir laids, ou bien vous ne mangiez rien dans l'espoir de disparaître. Quelques fois, vous avez changé vos habitudes de sommeil. Vous étiez nombreux à avoir de la difficulté à dormir le soir, et à vous réveiller très tôt le matin.

Quand vous vous sentiez rejetés et déprimés, vous étiez enclins à avoir des accidents. C'était peut-être votre manière de flirter avec la mort. Vous avez commencé à vous battre physiquement et à avoir de soudains accès de violence (certains d'entre vous, à certains moments). Parfois, vous vous attaquiez à vous-mêmes en vous tailladant les bras avec un couteau, en bloquant la circulation dans certaines parties de votre corps. Parfois, le rejet que vous aviez de vous-mêmes était moins évident. Par exemple, vous étiez très mal à l'aise quand on vous faisait des compliments et vous pensiez que la personne qui vous faisait des compliments mentait. Vous faisiez des choses qui vous attiraient des critiques. Par exemple, vous ne faisiez pas vos devoirs et aviez l'impression que les critiques que cela occasionnait vous étaient faites parce que vous étiez indignes d'être aimés.

L'un des problèmes des personnes qui ont été rejetées par leurs parents et qui ont une mauvaise estime d'elles-mêmes est leur conviction qu'elles ne méritent pas d'être heureuses. Si elles sont heureuses elles sont certaines que cela ne durera pas, qu'elles devront payer ces moments de bonheur par des moments de malheur. Souvent, elles ne peuvent accepter le bonheur et font en sorte de le repousser.

Quelquefois, un film ou un programme de télévision peut pousser une adolescente à se suicider. Il se peut qu'elle regarde un film qui présente la mort d'une jeune fille par overdose comme un moyen paisible et noble de fuir la vie. Le film ne montre ni les spasmes et les contorsions endurés par un corps sous l'emprise de la drogue, ni les dégâts inévitables causés par les vomissements. Les films ne sont pas la réalité, le spectateur le sait, mais ils *semblent* réels et un adolescent peut se reconnaître dans le personnage qui meurt. Vous devriez être conscients que les films et la télévision peuvent vous influencer quand vous êtes déprimés ou suicidaires. Vous devriez être conscients qu'un drame romantique sur la "paix" qui accompagne le suicide est dangereusement séduisant et, peut-être, ne devriez-vous pas le regarder. Vous devriez chercher un documentaire, ou un débat basé sur des faits, qui vous fournira des informations. Vous avez besoin d'aide dans le monde réel, vous n'avez pas besoin de fantasmes.

Beaucoup d'entre vous ont essayé de se suicider plus d'une fois. Comme me l'a dit Suzanne: «*Une fois que tu as essayé, c'est plus facile de le faire la deuxième fois.*» Parfois, vous avez essayé des actes qui ne tuent pas tout de suite, mais qui finissent par tuer — par exemple, consommer régulièrement de l'alcool. Ou bien, vous avez joué à la roulette russe en commettant des actes dangereux. Vous avez conduit imprudemment, mélangé des drogues, mélangé des drogues et de l'alcool, couru au milieu du trafic, ou marché sur le rebord extérieur d'un immeuble. Examinez certaines choses que vous faites et demandez-vous si vous ne flirtez pas avec la mort tout en vous accrochant fermement à la vie.

Il se peut que les jeunes qui songent au suicide aient perdu un membre de leur famille quand ils étaient enfants. Quelqu'un que vous aimiez est mort et la mort vous est apparue comme quelque chose d'agréable. Peut-être pensez-vous qu'en mourant vous retrouverez cette personne aimée. Vous n'avez aucune garantie que cela se produira, mais étant donné que vous avez tellement besoin d'affection et de réconfort, vous *croyez* que la personne aimée vous attendra. Vous pensez que, comme dans les contes de fées, vous serez heureux pour toujours.

Il se peut qu'un membre de la famille de certains adolescents soit décédé quand ils étaient jeunes et qu'ils aient été impressionnés par la manière dont leurs parents ont réagi face à cette mort. Ces derniers n'ont peut-être manifesté que du soulagement. Peut-être ont-ils pleuré et protesté au nom de leur amour pour la personne disparue alors qu'il était trop tard. Quand ils étaient enfants, certains adolescents ont vu de telles réactions et s'en souviennent. Ils ont peut-être imaginé que leurs parents réagiraient de la même façon s'ils mouraient. Ils avaient rarement l'occasion de parler à quelqu'un de ce qu'ils ressentaient à ce moment-là. Si un membre de votre famille ou un de vos amis est mort en se suicidant, vous risquez davantage d'envisager le suicide comme solution à vos problèmes.

Même si vous aviez quelqu'un à qui vous pouviez parler, il ne vous était pas toujours possible de décrire ce que vous ressentiez. Souvent, vous ne saviez pas si vous vous ennuyiez, si vous étiez en colère, blessés, confus, ou déprimés. Vous vous sentiez idiots quand vous disiez quelque chose à quelqu'un. La seule chose que vous saviez, c'est que vous étiez submergés par vos émotions. Si vous n'étiez pas habitués à exprimer vos émotions, vous trouviez difficile de parler. Peut-être avez-vous dû rencontrer un ami ou un conseiller deux ou trois fois avant de commencer à parler de ce qui vous dérangeait *vraiment*.

Si vous aviez l'habitude de faire face à vos problèmes en vous mettant en colère, en vous taisant et en vous blâmant, il se peut que le suicide vous soit apparu comme la seule chose que vous méritiez. Vous pensiez qu'un imbécile comme vous pourrait mourir et ne manquerait à personne. Vous étiez habitués à vous blâmer et à ne pas chercher la source des problèmes en dehors de votre personnalité. Vous pensiez que vous ne méritiez pas de vivre. Votre attitude selon laquelle vous n'étiez pas importants et ne valiez rien n'était pas fondée. Après tout, des personnes qui ne vous connaissent même pas ne veulent pas que vous mouriez. (Je ne veux pas que vous mouriez, l'éditeur ne le veut pas, le Centre d'aide pour les jeunes en crise non plus. Des milliers de personnes ne veulent pas que vous mouriez.) De nombreuses personnes vous apprécient pour ce que vous êtes. Elles vous estiment comme vous êtes. Vous vous *sentez* peut-être bons à rien, mais cela ne veut pas dire que vous êtes bons à rien.

Quand vos parents, vos professeurs et les autres adolescents vous rabaissaient, vous étiez nombreux à penser que vous le méritiez, que ces personnes plus intelligentes et équilibrées que vous connaissaient le *véritable* vous. Étant donné qu'elles connaissaient le *véritable* vous, et qu'elles pensaient que vous étiez bons à rien, vous deviez être bons à rien. Vous croyiez que l'opinion qu'elles avaient de vous était juste. C'était comme si vous leur tendiez un miroir pour vous voir et l'image qu'elles vous renvoyaient de vous était celle de quelqu'un de laid. Vous croyiez que cette image déformée qu'elles vous renvoyaient était vraie. Vous aviez perdu contact avec votre *véritable* vous.

L'estime que vous aviez de vous-mêmes était si mauvaise que les problèmes quotidiens auxquels vous étiez confrontés devenaient une preuve que vous étiez mauvais. Vous ne pouviez pas vous élever contre des milliers d'adolescents de votre âge et vous dire que vous étiez quelqu'un de très bien. Vous aviez l'impression d'être de deuxième ordre. Si quelqu'un vous disait que vous étiez très bien, vous pensiez qu'il avait mauvais goût et un jugement "dégueulasse".

L'estime de soi, le fait de se sentir bien avec soi-même, de se sentir apprécié, n'est pas quelque chose de bien défini (noir ou blanc). Ce n'est pas quelque chose qu'une personne a ou n'a pas. Tout le monde a, jusqu'à un certain point, une estime de soi. Certaines personnes ont une grande estime d'elles-mêmes, d'autres une très faible estime d'elles-mêmes. Il est courant de dire qu'une personne n'a pas d'estime d'elle-même. Il serait probablement plus juste de dire qu'elle a une "faible" estime d'elle-même, car c'est une question de degré. Certaines personnes en ont plus que d'autres. Notre estime de nous-mêmes varie à différents moments de notre vie. Si nous avons aujourd'hui une très mauvaise estime de nous-mêmes, cela ne veut pas dire que tel sera toujours le cas. Cela signifie que si nous prenons conscience qu'en ce moment nous avons une très mauvaise estime de nous-mêmes, nous devons considérer qu'il s'agit d'un problème sérieux et essayer de trouver un moyen d'y remédier. Les personnes qui ont une mauvaise estime d'elles-mêmes attendent très peu de bonheur de la vie. Inversement, les personnes qui ont une très bonne estime d'elles-mêmes attendent beaucoup de bonheur de la vie. Il semble que ces attentes soient, jusqu'à un certain point, des prédictions qui se réalisent. Ces personnes font souvent ce qu'il faut pour faire en sorte que, ce qu'elles pensent qui arrivera, arrive.

Vous étiez nombreux à penser à la mort comme à un moyen de fuir dans un endroit sûr. Vous pensiez que vous vous *sentiriez* mieux une fois morts. Vous considériez la mort comme un état temporaire où vous pourriez vous cacher en toute sécurité pour quelque temps. Parfois, vous pensiez que, une fois morts, vous regarderiez votre famille et vos amis vaquer à leurs activités. Parfois, vous pensiez que vous pourriez faire des commentaires sur leurs actes et leurs émotions.

Certains d'entre vous ont compris, à un moment donné, que la mort était définitive. Soudain, vous avez compris que vous ne reviendriez pas. Vous ne connaîtriez pas la fin heureuse des contes de fées. Vous ne feriez plus partie de la vie. Cela vous a secoués et vous a amenés à prendre votre bonheur en main. Souvent, cela n'est arrivé que lorsque les pressions et la souffrance ont diminué et lorsque vous avez trouvé un refuge — la maison d'un ami, d'une tante, l'hôpital, un endroit sûr où vous pouviez guérir et vous sentir mieux avec vous-même.

Certains d'entre vous ont compris que, peu importe le nombre de tentatives de suicide qu'ils avaient faites, ils n'avaient aucun contrôle sur l'affection que pourraient leur donner leurs parents. Vous avez été confrontés à cet état de fait. C'est alors que vous avez commencé à construire votre propre vie. C'était très difficile et seulement possible s'il y avait une personne que vous aimiez très fort, ou si vous aviez un solide réseau d'amis. Mais certains d'entre vous y sont parvenus avec très peu d'aide. Je vous admire.

Les émotions qui ont accompagné vos actes suicidaires étaient nombreuses et variées, mais elles semblaient provenir de votre sentiment de rejet et de votre mauvaise estime de vous-mêmes. Quand ces sentiments vous sont devenus insupportables, vous avez commencé à faire des plans pour vous tuer. La souffrance vous rendait confus et vous ne voyiez aucun avenir; vous avez donc arrêté de faire des plans pour le futur et vous avez commis quelques-uns (ou la totalité) des actes révélateurs ci-après.

1. Vous avez distribué les objets de valeur que vous possédiez, votre chaîne stéréo, votre télévision, même des petits objets ayant une valeur sentimentale.

2. Vous avez pris des dispositions finales, écrit un mot, donné des instructions à des amis.

3. Vous avez commencé à dire aux gens: «*Je ne peux pas continuer*» ou «*La seule chose que je veux, c'est mourir.*» Le problème, c'est que beaucoup de vos amis n'ont pas réagi à ces déclarations. Ils ont pensé que c'était seulement des élucubrations comme «*Il m'a tué*» ou «*J'ai cru que j'allais mourir*». Ils n'ont pas saisi le désespoir exprimé dans vos propos.

Quand des êtres humains se sentent aussi vulnérables, ils peuvent avoir le sentiment de n'avoir personne — absolument personne — à qui parler.

Plusieurs pertes peuvent donner naissance à un désespoir profond. Quand nous parlons de perte, il peut s'agir d'un déménagement dans un nouveau quartier et de la perte d'anciens amis qui en résulte. Cela peut être votre père ou votre mère qui quitte la maison, la mort d'un grand-parent. Cela peut même être la mort d'un animal familier. Il peut s'agir d'une amie ou d'un ami qui déménage, ou qui ne s'intéresse plus à vous. La perte est importante pour celui ou celle qui la subit, même si personne d'autre ne pense que c'est important. N'importe quelle perte peut suffir à déclencher une tentative de suicide.

Il ne s'agit pas là d'une liste exhaustive. Ce ne sont que quelques-unes des manières dont une personne indique qu'elle songe au suicide. Nous devons tous être vigilants et capables d'identifier de tels signes chez des camarades de classe, des collègues de travail ou des membres de notre famille.

9

Comment pouvez-vous
vous venir en aide?

Elle doit bien faire
doit bien faire
Personne ne veut écouter
les pleurs de la petite fille
La petite fille simule trop bien
trop bien
La petite fille peut courir vite
peut courir plus vite que tout le monde
Elle choisit de rester assise
dans une chaise roulante et de pleurer
et de pleurer
Elle seule peut se venir en aide
se venir en aide
Tout le monde est trop occupé
tout le monde

– T.S.

Quand vous souffriez, quand le suicide vous apparaissait comme un moyen de fuir, souvent vous n'aviez pas l'énergie ou la capacité d'apporter de grands changements à votre vie. Souvent, vous

169

étiez incapables de voir clairement ce dont vous aviez besoin. Si un chevalier blanc était descendu du ciel et vous avait invités à partir avec lui, vous auriez fui avec lui en un clin d'œil. Mais les chevaliers blancs se faisaient rares et vous avez généralement dû faire face à vos problèmes tout seuls. Rien dans le monde réel ne semblait valoir la peine d'être vécu. Quand vous souffriez, chaque pas semblait trop pénible à faire, chaque choix trop difficile à essayer. Si on vous a conseillé à ce moment-là, cela devait être: «*N'essaie pas de faire de grands changements. Essaie de faire de petits changements, peut-être un seul petit changement.*»

Certains d'entre vous ne pouvaient pas parler à leurs parents. Vous avez essayé et vous vous êtes sentis incapables de parvenir à entrer en contact avec eux. Vous saviez que vous aviez besoin d'être aimés, acceptés et compris par vos parents comme l'étaient les autres jeunes. Vous saviez que c'était ce que vous vouliez et, cependant, vous ne voyiez pas comment l'obtenir. La plupart d'entre vous ne parlaient pas à leurs sœurs ou à leurs frères. Suzanne parlait de temps à autre à son frère et Mike à sa sœur. Certains avaient un membre de leur famille qu'ils préféraient. Généralement, vous ne pouviez pas parler à vos professeurs. Anna parlait à son professeur, mais seulement brièvement et pas de façon intime. Il ne semble pas qu'il y ait suffisamment de temps dans votre emploi du temps à l'école pour arriver à avoir avec un professeur un type de relation qui vous permettrait de vous confier à lui (ou à elle).

Le suicide semblait être un sujet tabou, un de ces sujets dont il ne faut pas parler et qui ne sont abordés que rarement. Certains d'entre vous pensaient même que c'était "mal" de parler du suicide, que c'était une idée honteuse et ne voulaient même pas admettre qu'ils y pensaient. Vous pensiez que toute personne à qui vous en parleriez vous dirait que vous êtes fous ou que c'est mal de penser à ça. C'est vrai. Certaines personnes vous diraient: *«Ne sois pas bête»*. Généralement, la seule personne en qui vous aviez confiance pour parler était un ami.

Souvent, il valait mieux parler à un ami qui avait essayé de se suicider et qui ne voulait plus fuir la vie. Deux d'entre vous m'ont dit qu'ils avaient parlé à des personnes suicidaires comme eux et qu'elles n'avaient pas l'énergie de les aider. Vous aviez besoin de parler à quelqu'un de sensible et d'"équilibré", qui vous prendrait au sérieux.

Il est parfois très difficile de joindre quelqu'un qui pourrait vous aider. Si vous cherchez une personne qui vous écoute, cela pourrait vous faciliter les choses de dresser une liste de toutes les personnes que vous connaissez susceptibles de vous aider, puis de commencer par le début de la liste et de demander à chacune d'elles jusqu'à ce que vous en trouviez une qui accepte. Il est plus difficile de faire face au rejet de quelqu'un si vous ne savez pas à qui vous adresser ensuite. C'est plus facile si vous avez une liste des personnes susceptibles de vous aider.

171

Certaines personnes ne voudront pas vous écouter. Elles se sentent mal à l'aise lorsqu'elles parlent du suicide et elles ne veulent pas en entendre parler. Elles ne supportent pas l'intimité. Elles ne sont pas habituées à l'intimité. Elles se sentent incompétentes et menacées par les révélations des autres et elles ne voudront pas écouter un adolescent qui leur demande de l'aide.

Il est souvent nécessaire d'essayer plusieurs amis. S'ils refusent de vous écouter, vous devez vous attendre à vous sentir rejetés, idiots et encore plus minables qu'auparavant. La plupart d'entre nous se sentiraient comme ça. Soyez prêts à essuyer quelques échecs. La chose la plus importante de votre vie, pour le moment, c'est de trouver un ami qui vous écoute et vous devez persister dans vos efforts afin d'y arriver.

Il est important que vous envisagiez votre relation avec votre famille à long terme. Vous ne devez pas tout changer aujourd'hui. Il n'existe probablement pas de solution miracle, pas de solution qui réglerait vos problèmes en cinquante minutes comme dans une série télévisée, ni de révélation soudaine qui ferait découvrir tout à coup à vos parents que vous êtes vraiment une personne formidable. Il vous faudra du temps, peut-être des années, pour modifier votre relation avec vos parents. La plupart des adultes travaillent encore à améliorer leur relation avec leurs parents. Cela vous aidera si vous vous fixez des objectifs avec vos parents, ou plutôt des objectifs en rapport avec vos parents, des objectifs à atteindre dans deux semaines, deux mois, deux ans. Ensuite, trouvez de l'aide.

Certains d'entre vous avaient très peu d'expérience pour faire face au stress, même à un stress mineur. Vous aviez appris différents moyens pour vous débrouiller, mais cela vous aurait aidé si vous aviez connu quelques exercices simples que vous auriez pu utiliser. Essayez de comprendre ce dont a besoin votre corps et entraînez-vous à certaines techniques de maîtrise du corps qui vous aideront. Elles sont souvent enseignées dans les cours d'aérobie, de gymnastique à l'école ou dans les groupes de méditation. Ces exercices peuvent vous aider, mais ils ne soulagent pas beaucoup les personnes suicidaires de la souffrance qui les accable. Ils peuvent vous aider pour les petits problèmes quotidiens qui ajoutent à votre stress. Mais, en toute franchise, ils ne peuvent remplacer un bon ami qui vous écoute. Certains d'entre vous ont changé de cadre. Vous avez quitté l'école, vous avez déménagé dans une autre ville, vous êtes partis de chez vous, vous êtes allés vivre chez une sœur, un petit ami, les parents d'un petit ami, vous avez loué un appartement, ou vous êtes allés vivre dans la rue.

Diana avait quinze ans. Elle m'a rencontrée pour prendre un café et traînait son petit ami derrière elle. Il avait aussi essayé de se suicider et est donc resté pour que je lui pose des questions. Diana avait été abandonnée par sa mère quand elle avait cinq ans et par sa grand-mère quand elle avait dix ans. À quatorze ans, elle est allée vivre

173

dans un parc. Elle y a vécu pendant plusieurs mois; elle allait se laver et se changer chez la mère de son petit ami.

Parfois, un tel changement dans votre vie vous a soulagés des critiques perpétuelles, de la pression que vous faisaient subir en vous rabaissant vos parents, ou les personnes chargées de vous surveiller. Ce soulagement a suffi pour que vous consolidiez votre personnalité et retrouviez des forces. Si vous avez déménagé dans un milieu où vous étiez acceptés (vous n'aviez pas besoin d'être aimés, seulement d'être acceptés), vous avez été capables de modifier l'opinion que vous aviez de vous-mêmes et de commencer à vous aimer.

Vous ne sembliez pas avoir beaucoup d'endroits où aller. La plupart d'entre vous m'ont dit qu'ils avaient nulle part où aller. Vous pensiez que vous ne seriez pas en sécurité en dehors de chez vous. Vous regardiez la télévision, vous lisiez les recommandations dans lesquelles on vous disait de ne pas faire d'auto-stop, et vous faisiez attention aux avertissements selon lesquels le monde est dur. Vous regardiez des films qui traitaient des enfants de la rue, de la drogue et de la prostitution. En dehors de votre maison, de votre cercle social, le monde vous semblait dangereux. Cela m'a beaucoup inquiétée. Pouquoi est-ce que le monde à l'extérieur de votre famille ne vous apparaissait pas comme une aventure? Vous m'avez dit qu'il vous semblait dangereux. La mauvaise estime que vous aviez de vous-mêmes était peut-être responsable de votre attitude: si les autres étaient capables de se débrouiller dans le monde extérieur, vous en étiez incapables.

Le "culte de l'excellence" semblait aussi peser sur vous. Vos parents, vos professeurs, les publicités à la télévision, les articles de journaux vous disaient que vous deviez réussir, que vous deviez être le meilleur! Pas le meilleur par rapport à vos capacités, mais meilleur que tout le monde. Je n'ai pas l'impression d'avoir eu ce problème quand j'étais adolescente. Je savais très bien que je n'étais pas la meilleure, dans aucun domaine. Pourquoi ne pouvez-vous pas faire des plans plus raisonnables pour votre vie? Pourquoi ne pouvez-vous pas prendre votre temps, être heureux, grandir tranquillement? Pourquoi cette course effrénée? Tout le monde semblait avoir peur que vous échouiez. Vous aviez peur d'échouer. Vous aviez déjà perdu l'estime de vous-mêmes et vous ne pensiez pas que vous méritiez un travail. Tout vous semblait accablant.

Que pouvez-vous faire si vous ne pouvez pas partir de chez vous? Trouvez un ami à qui parler. Essayez de téléphoner au Centre d'aide pour les jeunes en crise, au Centre d'aide pour les jeunes en détresse, à Tel-Aide (les numéros de téléphone sont à l'intérieur de la couverture de l'annuaire téléphonique). Peut-être que cela ne figure pas dans certains annuaires, mais vous pouvez obtenir ces numéros en téléphonant au service de renseignements. Si vous vivez à l'extérieur de la ville et si vous avez des problèmes, vous pouvez demander de l'aide à la téléphoniste. Elle vous mettra en communication avec le Centre d'aide pour les gens en détresse le plus proche et vous resterez en ligne jusqu'à ce que quelqu'un réponde. Si vous avez l'impression que la personne à laquelle vous parlez ne vous aide pas, vous pouvez rappeler plus tard et parler à quelqu'un d'autre. L'important c'est de continuer à essayer.

Vous pouvez chercher une ressource communautaire en regardant le tableau d'affichage de votre école, ou en consultant l'annuaire téléphonique. La liste des services communautaires figure au début de l'annuaire ou sous la rubrique "Services aux familles". Vous pouvez téléphoner au bureau des services aux familles et demander où il vous est possible de trouver l'aide d'un conseiller.

Le moyen habituel et le plus courant de trouver de l'aide consiste à obtenir un numéro de téléphone, à téléphoner à ce numéro pour qu'on vous réfère à un service et à téléphoner à ce service qui vous référera à un autre service que vous appellerez. C'est un processus ennuyeux. Vous devrez raconter la même histoire à chacun de vos interlocuteurs. Mais n'abandonnez pas. Il est courant de suivre ce parcours avant de parler à la personne à laquelle vous voulez parler — tel n'est pas le cas pour les Centres d'aide pour les jeunes en détresse, car ils répondent directement. Mais lorsque vous appelez aux Centres d'aide aux familles, ou à d'autres centres œuvrant dans le domaine des maladies mentales, mieux vaut demander: *«Pourriez-vous me dire où je pourrais trouver un conseiller spécialisé dans la prévention du sui-*

cide?» que *«J'envisage me suicider».* Les réceptionnistes veulent entendre des questions auxquelles elles peuvent répondre. Au mois d'octobre, j'ai téléphoné à un Centre d'aide aux familles. J'ai eu un répondeur-enregistreur au bout du fil. Quelqu'un m'a rappelée quatre heures plus tard. J'ai appelé une clinique œuvrant dans le domaine de la santé mentale, le téléphone a sonné douze fois avant qu'une réceptionniste ne réponde. Si vous appelez un centre d'aide, il se peut que vous deviez insister: continuez à appeler jusqu'à ce que vous obteniez de l'aide. Généralement, la personne que vous finirez par joindre pourra vous aider.

Parfois, au moment où vous avez le plus besoin d'aide, vous n'avez pas l'énergie nécessaire pour la demander. Vous vous sentez "déprimés", tellement fatigués que vous êtes incapables de décrocher le téléphone et de composer un numéro. Même dans cette situation, vous pouvez demander à un ami de vous aider. Votre ami peut rester avec vous pendant que vous parlez au téléphone avec l'employé du centre.

Parfois, vous vous sentez agités, incapables de vous arrêter pour faire quelque chose, même pour téléphoner à un conseiller. Vous vous lancez dans des activités et vous allez toujours plus vite car, si vous arrêtez d'agir, vous serez confrontés à vos émotions, vous devrez les ressentir et vous ne le voulez pas. Demandez à un ami de vous aider.

Certaines écoles ont des conseillers parmi leurs élèves. Il peut s'agir d'étudiants qui ont essayé de se suicider et qui ont dépassé ce stade, ou qui ont beaucoup de compassion et qui peuvent comprendre ce que ressentent d'autres adolescents. Vous pourrez les trouver en vous renseignant auprès du conseiller de votre école ou, dans les écoles plus petites, en demandant à vos amis.

Il est très important de parler immédiatement à quelqu'un. Tout le monde a besoin d'être compris et accepté. Avec le temps, les choses peuvent changer. Avec le temps, les événements qui affectaient vos parents peuvent passer et ces derniers peuvent revenir vers vous et vous aider. Les parents de Rena ont été stupéfaits par sa tentative de suicide. Ils ne savaient pas qu'elle était si déprimée et perturbée. Ils ont immédiatement commencé à lui parler, à l'aider, à essayer de la comprendre. Cependant, seulement deux des jeunes auxquels j'ai parlé ont reçu une telle attention de leurs parents. Mais d'autres aspects de votre vie pourraient changer si vous parlez à une personne compréhensive qui vous écoute et si vous continuez à avoir de l'espoir.

Vous pouvez mettre au point un réseau de soutien, comme l'a fait Teresa, composé de vos amis, des parents de vos amis et de collègues de travail. Ce réseau de soutien vous renverra une image positive de vous-mêmes et vous fera vous sentir dignes d'intérêt. Il est important pour tout le monde de se sentir digne d'intérêt. Il est important que vous gardiez l'estime de vous-mêmes pendant que le monde qui vous entoure change peu à peu. Vous découvrirez qu'en ayant une meilleure estime de vous-mêmes, vous aurez de moins en moins envie de vous suicider.

10

Que peuvent faire les autres pour vous?

Quand j'éteins la lumière et vais me coucher
je reste allongée à espérer un lendemain meilleur.
Mais la réalité sort doucement de l'ombre
dans laquelle j'essaie de la dissimuler
au cours de mes journées remplies de fausse lumière.
Elle me dit qu'il n'y a ni promesse, ni garantie
ni assurance. Il n'y a que le vide, la solitude,
la peur, la culpabilité et la honte.
Et je ne laisse couler aucune larme,
même si j'en ai envie.
Demain sera un autre jour mais
y trouverai-je la paix, le rire et l'acceptation.
Je me perdrai dans demain
comme dans aujourd'hui, comme dans hier.
Je pleurerai en secret, dans mon cœur et mon âme
et je me noierai un peu plus dans mes larmes.
Je les retiendrai soigneusement,
et je les empêcherai de partir
comme j'aimerai que quelqu'un
m'empêche de partir.

– TANYA
(adaptation d'un poème plus long)

Votre entourage peut vous apporter une aide sur le plan émotif ainsi qu'une attention bienveillante. Il n'y a pas de mal à avoir besoin d'aide et d'attention.

Il est possible d'obtenir ce type d'attention auprès d'un ami. Vous avez besoin d'amitiés solides. Vous avez besoin de vous sentir acceptés par des amis. Un ami peut vous aider à faire de petits changements, ou de grands changements, dans votre vie familiale. Les familles sont comme une toile d'araignée: elles comportent des liens relationnels enchevêtrés les uns aux autres. Si l'on touche à un fil, tous les autres fils bougent. Si l'on modifie une relation, toutes les relations s'ajustent et se modifient. Vous avez souvent de la difficulté à parler à quelqu'un dans votre famille. Mais vous pouvez essayer de communiquer d'une autre façon que par une conversation directe: vous pouvez enregistrer un message sur un magnétophone et le laisser à l'attention de vos parents afin qu'ils l'écoutent quand vous n'êtes pas là; vous pouvez laisser une lettre à leur attention; vous pouvez demander à un conseiller de votre école de venir chez vous pour parler à vos parents avec vous; vous pouvez demander à un employé d'un Centre d'aide pour les jeunes en crise de venir vous aider; vous pouvez demander à un pasteur, à un prêtre ou à un travailleur social de venir chez vous pour rencontrer vos parents. Ces démarches peuvent vous aider. Il se peut que cela n'engendre aucun changement au sein de votre famille. Peut-être serez-vous encore plus découragés, mais vous vous serez peut-être fait un ami en la personne du travailleur social ou du pasteur.

Vous pouvez essayer les jeux de rôle avec un ami. Demandez à votre ami, ou à deux ou trois amis, de jouer le rôle de vos parents et essayez de leur parler comme s'ils étaient vos parents. Vos amis peuvent vous donner des conseils en vous écoutant faire votre jeu de rôle. Cela pourra vous aider à être sûrs de vous quand vous aborderez vos parents. Pour la plupart, vous n'avez pas un groupe d'amis qui pourraient réfléchir sérieusement à vos problèmes avec vous. Cependant, vous êtes nombreux à avoir un ami qui vous écouterait. Vous devez commencer par penser que vous êtes dignes d'estime, que vous valez la peine qu'on vous aide, et ensuite consacrer du temps à vous venir en aide.

Cherchez de l'aide au sein de votre communauté. Elle est organisée de façon à ce que les conseillers, les psychiatres, les pasteurs, les prêtres, le personnel des hôpitaux, les personnes âgées et les travailleurs des Centres d'aide aux jeunes en crise puissent vous aider. Vous m'avez souvent dit que ce n'était pas le cas. Rien ne vous garantit que lorsque vous demanderez de l'aide la première personne que vous contacterez vous la donnera. Vous devez continuer à chercher. Des professionnels devraient être à même de vous aider. Ils devraient être compétents, avoir la formation nécessaire, de l'expérience et être attentionnés. Mais ce sont des êtres humains et, parfois, ils ne sont pas "assez biens" pour vous. Il se peut que vous deviez travailler avec des conseillers loin d'être parfaits si vous voulez essayer de vous venir en aide.

Leslie ne pouvait pas descendre l'escalier pour aller parler à ses parents qui habitaient au-dessous de chez-elle. Elle n'avait pas d'amis auxquels se confier, alors elle est allée voir la conseillère de son école qui était davantage intéressée par les notes de Leslie, qu'elle entrait dans l'ordinateur, et à regarder le portrait de Leslie que lui donnait l'ordinateur (ses notes, ses absences, ses retards), que par la jeune fille suicidaire qui était devant son bureau et qui demandait de l'aide en pleurant. Il existe des personnes de ce type, mais tout le monde n'est pas comme ça.

Quand Janet n'a pas pu parler avec ses grands-parents, elle a essayé de parler avec la conseillère de son école. Toutefois, cette dernière n'avait pas beaucoup de compétences psychopédagogiques. «*J'ai passé beaucoup de temps dans son bureau, à partir du mois de décembre jusqu'au mois de juin, et cela ne m'a menée nulle part. Elle était très gentille mais... c'était très ennuyeux. Je lui ai dit que j'étais schizophrène* (Janet ne l'était pas) *et elle n'a pas pu me comprendre. Elle m'avait dit que nos rencontres étaient confidentielles, mais la rumeur s'est répandue dans l'école. La conseillère l'a dit à un professeur qui l'a dit à un autre et, très vite, tout le monde venait me voir et me disait: "Oh, pauvre enfant." Je leur répondais d'aller se faire voir. J'étais vraiment très en colère après elle. Ça prouvait qu'ils s'intéressaient à moi, mais je n'avais pas besoin qu'elle parle de moi aux autres.»* Janet avait le sentiment d'avoir été dupée, c'était compréhensible étant donné que la conseillère n'avait pas protégé la confidentialité de ses entretiens avec Janet.

Toute personne qui va à l'école devrait pouvoir contacter un professionnel de la santé par l'intermédiaire du conseiller de l'école, du conseil de tribu, ou de l'association locale pour la santé mentale. Mais certains d'entre vous vivent dans une petite ville, ou fréquentent une école où il n'y a qu'un conseiller connu pour son incompétence. D'autres parmi vous vivent dans des endroits où davantage de choix s'offrent à eux et trouvent encore difficile d'obtenir de l'aide la première fois qu'ils essaient. Même au moment de votre tentative de suicide, alors que vous aviez le plus grand besoin d'aide, vous avez été rabaissés ou rejetés par les personnes dont vous attendiez de l'aide. Vous espériez que les employés de l'hôpital, les infirmières et les médecins seraient compréhensifs, mais vous avez été nombreux à être confrontés à l'hostilité et à la colère.

Pendant que Tanya et moi prenions un bain de soleil dans le parc et profitions de la paix et de la tranquillité qui nous entouraient, elle m'a parlé de sa deuxième tentative de suicide. À l'hôpital, elle a eu la même infirmière que la première fois.

«L'infirmière s'est assise près de moi et m'a dit: "Mais quel est donc ton problème à la fin? C'est la deuxième fois en deux mois. Penses-tu que nous avons du temps à perdre avec toi? Nous avons

besoin de notre temps pour les personnes qui sont vraiment malades." J'ai pensé qu'elle m'avait donné une raison de plus pour mourir. Je lui ai dit: "Je suis désolée. Je suis vraiment désolée. Je suis désolée d'exister." Voilà comment je me sentais.»

À l'âge de treize ans, Bruce s'est retrouvé à l'hôpital après avoir essayé de se suicider. Les médecins l'ont gardé pendant quatre heures, lui ont fait un lavage d'estomac et lui ont demandé pourquoi il avait fait ça. Il ne le savait pas. Il est retourné chez lui sans aucune surveillance médicale et sans aucune recommandation pour qu'il aille voir un conseiller.

Robert a été conduit à l'hôpital par un chauffeur de taxi qui pouvait voir qu'il était très malade. L'hôpital a téléphoné à ses parents. Ses parents l'ont envoyé voir leur médecin de famille qui lui a dit: «C'est idiot. Te rends-tu compte que tu aurais fait souffrir ta famille si tu t'étais tué?» Robert pensait que cela aurait été beaucoup mieux si le médecin lui avait demandé: «Pourquoi as-tu fait ça?» Un sermon n'est pas du counseling.

Passons maintenant aux bonnes nouvelles. Certaines personnes vous ont beaucoup aidés. Beth a été aidée par son médecin de famille. «Elle nous a mis en contact (Beth et sa famille) avec une psychiatre et nous sommes allés la voir. Enfin, seulement moi. Mes parents y sont allés une seule fois.» Quand Beth a essayé de nouveau de se suicider, sa mère a téléphoné à leur médecin de famille qui a appelé la psychiatre. Cette dernière a dit de l'emmener tout de suite à l'hôpital. Le médecin de famille suggéra de l'emmener au service pour adolescents de l'Hôpital Général de Vancouver.

«J'y suis donc allée et ils m'ont parlé pendant six heures, ils m'ont fait des examens et tout et ils m'ont demandé: "Veux-tu te faire admettre à l'hôpital? Tu n'es pas obligée." J'ai dit: "Oui." J'avais vraiment peur. J'ai bu une bouteille entière de vodka. J'ai beaucoup vomi.

«Ils ont fait passer un tuyau dans ma gorge. Je m'en souviens. Ma mère voyait un analyste et prenait un tas de médicaments. Du Lithium. Elle prenait du Tranxene et du Lithium. Je sais qu'elle devait prendre une pilule pour se réveiller le matin et une pilule pour s'endormir le soir.

«J'ai été admise à l'hôpital. Au début, j'étais dans le service d'évaluation psychiatrique. Et je ne pensais pas que j'étais comme eux (les autres malades). *Mais j'y suis restée environ une semaine et puis ils m'ont transférée dans l'aile Est 2, un service pour les adolescents. Il y avait des chambres de deux ou des chambres individuelles. Il y avait dix patientes. Toutes des adolescentes et tout se faisait avec un système de points et de récompenses. Pendant la journée, il y avait des choses auxquelles nous travaillions ensemble et dont nous parlions. Nous prenions nos repas ensemble. Il y avait une salle de télévision. Nous faisions notre lessive. Tous les soirs, nous avions une heure de repos et des infirmières "psy" venaient nous voir et parlaient*

avec nous. Elles étaient toujours là. Nous voyions le médecin tous les deux jours ou à peu près.

«C'était très bien. S'il t'arrivait d'avoir l'impression que tu allais éclater, il y avait une chambre avec des matelas sur le sol, des matelas, des oreillers et une couverture. Tu pouvais y aller. Il y avait un genre de système de récompenses. Nous étions tous au niveau 3. Il y avait d'autres niveaux où tu devais rester dans ta chambre et manger dans ta chambre. Tu perdais tous tes privilèges. Au fur et à mesure que tu montais de niveau, tu pouvais sortir. Au niveau 1, tu pouvais sortir dans le jardin de l'hôpital, et aux autres niveaux tu pouvais sortir de l'hôpital s'ils savaient exactement où tu allais. Tu pouvais avoir congé pour une journée ou un week-end si le médecin pensait que ça allait.

«C'était un bon médecin. Il a dit: "Ça n'est pas le problème de Beth. C'est le problème de toute la famille." Il nous a donc tous réunis, ma famille et moi, et il nous a aidé à communiquer. Je peux encore aller le voir en clinique externe. Ça a bien été pendant presqu'un an, puis je suis partie de la maison.»

Vous n'avez pas été nombreux à bénéficier de ce type de soutien et d'aide, mais ce genre d'aide existe.

Megan avait entretenu ce qu'elle considérait être une bonne relation avec sa travailleuse sociale. Elle lui a parlé de sa tentative de suicide par overdose. *«À ce moment-là, je ne voulais pas en parler à ma mère. Et je ne le lui ai pas encore dit. La travailleuse sociale était de l'avis d'en parler à ma mère et de m'envoyer au service des urgences à l'hôpital. J'ai arrêté de lui parler. Je trouvais que ça m'aidait beaucoup plus de parler à mon ami. La travailleuse sociale ne savait pas quoi faire. Et, à ce moment-là, j'essayais de parler davantage avec ma mère.»*

Bruce a trouvé de l'aide dans une maison de redressement et d'autres organismes. «*La John Howard Society était bien. Elle aidait les jeunes. L'Armée du salut était bien aussi, surtout pendant le temps que j'ai passé au centre de détention pour mineurs. Comme le dit la publicité, ils sont là pour donner un coup de main. Ils examinent tes problèmes et te font sentir chez toi.»*

Il n'y a aucune garantie que vous obtiendrez de l'aide quand vous la demanderez. Parfois, vous avez hésité à demander de l'aide parce que vous ne saviez pas comment la personne à qui vous alliez la demander allait se sentir. Comment se sentent les gens quand vous leur demandez de l'aide? Des fois, ils s'ouvrent et vous aiment. Ils sont généreux. Il se peut qu'ils aient connu le désespoir à un moment de leur existence, et ils vous comprennent. Ils sont contents que vous leur ayez demandé de l'aide parce que vous les faites se sentir utiles et bons. Ils peuvent même vous être reconnaïssants de leur avoir parlé. Beaucoup de personnes se sentent comme ça.

Certaines personnes se sentent mal à l'aise. Elles se sentent incompétentes pour faire face aux problèmes. Elles essaient donc de faire comme si vos problèmes n'étaient pas graves et comme si vous n'aviez pas vraiment *besoin* d'aide. Il leur est plus facile de ne pas vous répondre. Comprenez-le. Elles ne peuvent pas vous aider. Essayez avec quelqu'un d'autre. Ne perdez pas d'énergie à blâmer les personnes qui ne peuvent pas vous aider. Vous leur demandez quelque chose qu'elles ne peuvent pas vous donner. Trouvez quelqu'un qui peut. Il y a un réseau qui vous attend, des personnes qui veulent savoir ce qui vous arrive et qui s'intéressent à vous.

11

D'autres adolescents vous donnent des conseils

Je vois mon reflet
Assise au bord de la piscine
Le miroir ridé
Ne montre que mes traits
Tout le monde pourrait me regarder
À ce moment précis
Et ne pas savoir ce que j'ai subi.

– RENA

Parmi ceux que j'ai rencontrés, vous étiez nombreux à avoir vécu des années de souffrance. Vous aviez essayé plus d'une fois de vous suicider et aviez vécu avec l'humiliation, le rejet et le traumatisme émotif causé par vos tentatives de suicide. Que pensiez-vous que des adolescents pourraient faire pour vous aider? Quand vous regardiez votre vie passée, que pensiez-vous que vous auriez dû faire? Vous aviez vécu avec des familles qui vous avaient rendu la vie difficile. Vous aviez adopté des attitudes qui vous rendaient la vie difficile. Vous aviez fini par croire à l'image négative de vous que vous renvoyait votre famille. Et vous avez survécu à tout ça. Comment y êtes-vous arrivés? Qu'est-ce qui vous a aidé?

Vous m'avez dit que vous deviez faire des changements. Parfois, il s'agissait de changements minimes, mais un changement vous permettait de continuer. Plusieurs d'entre vous ont fait des changements dans leur vie privée.

Leslie m'a dit: «*Je suis arrivée à un point où c'est moi qui suis importante.*» Auparavant elle pensait qu'elle devait protéger sa famille. Elle devait être celle qui maintenait tout en place. Elle s'est sentie libre et forte quand elle a décidé qu'elle était importante et que c'était *elle* qu'elle devait prendre en considération. Leslie n'a pas décidé ça un beau matin. Après sa tentative de suicide, elle a dû traverser un processus très dur pendant lequel elle a dû parler de ce qu'elle ressentait et essayer de se comprendre. Mais c'est l'attitude selon laquelle *elle était importante* qui a tout changé pour elle.

Amy a appris une nouvelle attitude avec le temps. Elle a essayé de se suicider plusieurs fois et a fini par comprendre, quand elle avait dix-huit ans, qu'elle avait grandi en dépit de beaucoup de ses problèmes. «*Je devais donner une autre chance à la vie. Elle pouvait toujours m'apporter quelque chose. Je savais que ça pourrait toujours s'arranger. Les choses finissent toujours par s'arranger. Maintenant, je peux parler à mes amis. Le suicide n'a rien changé.*» Pour pouvoir changer, il lui a fallu du temps et de l'expérience. Elle a dû surmonter ses problèmes les plus graves avant de croire suffisamment en elle pour penser qu'elle était capable de faire face à la vie. Personne n'est venu la sauver. Elle a examiné sa vie, a parlé de ses problèmes et a été son propre sauveur.

Teresa a trouvé sa force après avoir essayé de se suicider pendant plusieurs années. *«Après l'histoire de l'aspirine* (une de ses tentatives de suicide), *c'était comme si je devais prendre ma vie en main parce que personne d'autre n'allait m'aider. C'était comme la croisade d'une seule femme. J'allais être ce que je pouvais être de mieux et personne ne m'en empêcherait. Maintenant, je ne laisse plus les gens m'arrêter.»*

Rena m'a écrit une lettre trois mois après notre entrevue. Elle me disait: *«Dites-leur qu'il y a des personnes qui s'intéressent aux jeunes. Mais ils ne peuvent pas vous aider tout seuls. Vous devez leur permettre de vous aider.*

«Le plus important c'est que vous vous sentiez bien avec vous-mêmes. Vous n'êtes pas prétentieux si vous vous aimez et si vous vous respectez. Vous êtes simplement sains.»

Leslie, Amy et Teresa n'ont pas trouvé tout de suite la force en elles-mêmes. Elles ont commencé par trouver de l'aide à l'extérieur. Quand les gens vous disaient: *«Tu devrais t'y mettre et te prendre en charge»*, ils ne comprenaient pas que vous en étiez incapables à ce moment-là. Leslie, Amy et Teresa ont dû connaître de nombreux échecs avant de trouver de l'aide, de la force, une ligne de conduite à suivre et de se sentir quelqu'un de bien. Une fois qu'elles se sont senties dignes d'intérêt, importantes, voire admirables, elles ont pu faire face à la vie.

Vous avez été nombreux à conseiller à d'autres adolescents, dont la vie était si difficile que le suicide leur semblait une solution raisonnable à leurs problèmes, de trouver quelqu'un qui les aide.

Robert disait: «*Trouve quelqu'un à qui parler. Écoute ce qu'il a à te dire. Ne traîne pas autour de tes parents s'ils sont la cause de tes problèmes. Ils essaient de s'accrocher à toi et ça te fera sentir encore plus mal. Mes parents ne veulent pas que je fasse d'erreurs, mais j'apprends mieux si je fais des erreurs. Si c'est nécessaire, sauve-toi pendant quelque temps. Va habiter chez un ami. Trouve un ami auquel tu peux parler et qui écoutera ce que tu as à lui dire. Je pense que si je devais revivre ça, cette fois je me sauverais probablement. Ça semble être l'autre solution, plutôt que le suicide, une solution plus intelligente.*»

Robert a parlé plusieurs fois à des employés du Centre d'aide pour les jeunes en crise. Ils étaient toujours prêts à l'écouter quand il avait besoin que quelqu'un l'écoute. «*Le Centre d'aide pour les jeunes en crise était si bien qu'ils m'ont dit:* "Si ça va si mal à la maison, on peut te trouver un endroit où habiter." *C'était formidable. C'était ce que j'avais besoin d'entendre. Du moment que j'avais quelqu'un à qui parler, ça allait. Si je ne les avais* pas eus pour leur parler, je ne sais pas ce qui serait arrivé. Je ne serais pas là maintenant.

«Je leur téléphonais toutes les semaines. Ils voulaient que je leur téléphone et que je leur dise ce que j'avais vécu pendant la semaine. C'était les seuls. Je ne pouvais pas parler à mes parents. Je ne pouvais pas parler à mes amis parce qu'ils pensaient que j'étais... bizarre. Ce sont les gens du Centre qui me demandaient comment je me sentais, ce que je voulais faire. C'est ce que j'aimais par dessus tout. Qu'on me pose des questions. C'était la première fois que je me sentais important. Après l'enfer que j'ai vécu à l'hôpital, je leur ai téléphoné. Ils ne m'ont pas dit: "Espèce d'imbécile. Pourquoi as-tu fait ça?" Mais au contraire, "Tu avais certainement vraiment besoin de parler à quelqu'un." C'était fantastique que quelqu'un me comprenne comme ça.»

Tanya sentait qu'il était important de pouvoir parler à quelqu'un. «Tu dois faire le premier pas et dire: "Écoute, j'ai besoin d'aide!" Et si la première personne ne t'aide pas, tu dois trouver quelqu'un d'autre.» Tanya m'a dit à quel point il est difficile d'aller demander de l'aide à quelqu'un. «Tu ne veux pas admettre qu'il y a quelque chose qui cloche chez toi. Au fond de toi, tu le sais, mais tu ne veux pas l'admettre. Tu as honte. Tu as très honte. Tu ne sais pas quoi faire.» Vous n'aviez pas conscience que de nombreux adolescents se sentaient comme vous — vous pensiez que vous étiez le seul. Peut-être pas le seul sur cette terre, mais tout au moins le seul dans votre école, dans votre quartier ou dans votre bande d'amis. «*Mes parents, mon père réussit toujours ce qu'il fait, il est respecté. Pour moi, aller le voir et lui dire: "Papa, je ne peux pas me débrouiller dans la vie..." J'en étais incapable. Il fallait que quelqu'un d'autre le fasse pour moi.*»

Vous étiez très nombreux à penser que vous deviez régler vos problèmes tout seuls. Vous ne vouliez pas dépendre d'autres jeunes, ou de professionnels de la santé. Vous vouliez le faire tout seuls. Il était impensable pour vous d'accepter de l'aide pour faire face à votre vie émotive. Ou bien vous ne saviez pas où trouver de l'aide.

Suzanne, quinze ans, m'a demandé de transmettre aux jeunes son conseil. Elle m'a demandé de dire aux adolescents: «*Réfléchis bien. Rappelletoi qu'il y a toujours quelqu'un, même si tu dois aller le chercher. C'est de ça que tu as besoin. Quelqu'un qui te dira que tu es une personne bien.*»

L'un des groupes d'entraide les plus intéressants que j'ai rencontré a été le groupe d'amies de Megan. Megan avait trois amies loyales et liées par une profonde amitié. Elles fréquentaient la même école et partageaient leurs problèmes. Elles étaient vigilantes afin de détecter tout signe de dépression chez l'une d'entre elles.

«*Si une des filles est déprimée, nous passons la nuit avec elle. Deux d'entre nous, ou toutes les trois. Nous ne restons pas tout le temps dans la même maison. Ça change toujours. Habituellement, si une des filles est déprimée, les autres l'invitent à souper. Nous payons sa part. Une de nous n'aime pas que nous payions pour elle. Nous le savons, alors nous la laissons payer sa part. Nous sommes arrivées à un point où nous savons ce que chacune d'entre nous aime manger et nous essayons d'avoir le plat préféré de la fille qui est déprimée. Si je suis très déprimée, elles viennent me chercher après l'école. Nous laissons nos livres chez Tara et nous sortons toutes les quatre. Nos parents sont d'accord. Généralement, nous allons manger une pizza. Nous commandons une énorme pizza au jambon et à l'ananas, une boisson gazeuse et nous parlons. Nous arrivons là à cinq heures de l'après-midi et nous y restons jusqu'à la fermeture, à une heure du matin.*

«Nous avons commencé à faire ça au début de l'année et ça nous aide vraiment beaucoup.

«Parler du suicide m'a aidé à voir que c'est définitif. Si l'une de nous est déprimée, nous en parlons et essayons de comprendre pourquoi elle est déprimée et suicidaire.»

MOI: Comment arrivez-vous à savoir pourquoi?

«Nous lui demandons. Elle nous le dit. Par exemple, j'ai un problème et je sais qu'elles vont me dire que je ne suis pas seule. Des fois, quand l'une de nous est très déprimée et quand je lui demande pourquoi elle est déprimée, elle dit: "Oh, parce que j'ai eu une mauvaise note à mon examen." Nous savons que ça n'est pas vrai; alors nous allons manger une pizza, ou des hamburgers, et nous essayons de savoir la vraie raison.»

MOI: Vous arrive-t-il d'être confrontées à des problèmes que vous ne pouvez pas régler?

«Je crois que si j'étais toute seule, ça pourrait arriver. Mais comme nous sommes trois à écouter, nous continuons à parler jusqu'à ce que nous soyons capables d'aider celle qui est déprimée.»

Étant donné que, pour la plupart, vous m'avez dit que vous ne parleriez pas à des adultes, ou que vous ne connaissiez pas d'adultes à qui vous pourriez parler, le groupe d'entraide de Megan m'apparaît être un moyen formidable de régler les problèmes. Si vous avez essayé de vous suicider, vous êtes plus aptes à comprendre pourquoi quelqu'un pourrait envisager le suicide. Vous pouvez voir les problèmes que d'autres ignorent et vous pouvez aider les gens parce que vous avez eu les mêmes problèmes et êtes parvenus malgré tout à rester en vie.

Vous avez été nombreux à me dire que vous aviez l'impression de devoir aider les autres à l'école, même des adolescents et adolescentes que vous connaissiez à peine, quand vous vous aperceviez qu'ils étaient déprimés ou qu'ils songeaient au suicide. Il est peu probable que vous minimisiez leurs inquiétudes, et vous ne les ridiculisiez pas ou ne les rabaissiez pas par vos sarcasmes ou vos plaisanteries. Vous les compreniez et vous les aidiez vraiment. Vous étiez un très bon ami ou une très bonne amie. Parfois, la seule aide sur laquelle puisse compter un adolescent suicidaire lui vient d'un autre adolescent. Les adolescents considèrent les autres adolescents comme leur première corde de sécurité. Vous êtes très importants les uns pour les autres.

Certains adolescents sont confrontés au problème du "secret mortel". Un ami vous confie qu'il envisage de se suicider et vous demande de n'en parler à personne. Vous craignez que votre ami essaie de se suicider et, en même temps, vous craignez que si vous en faites part à ses parents, ou à un professeur, il nie tout et dise à tout le monde que vous l'avez trahi et vous fasse passer pour un salaud ou un idiot.

Si vous vous demandez si vous devez le dire, ou si vous devez vous taire, téléphonez à un Centre d'aide pour les jeunes en crise ou à Tel-Aide et demandez conseil. Si votre ami vous a confié qu'il pensait au suicide, vous devez supposer que la partie en lui qui veut vivre cherchait votre aide. Vous ne pouvez pas ne pas en tenir compte.

David m'a dit qu'il avait l'impression d'avoir davantage de choix en vieillissant. Ce qui est vrai. Les adolescents ont plus l'occasion de sortir dans leur communauté, d'avoir davantage de contacts avec des organismes d'aide, plus de liberté pour aller et venir, plus de chance d'avoir un emploi et peut-être davantage d'argent que lorsqu'ils étaient plus jeunes. Mais ce n'est pas pour autant qu'ils ressentent moins le besoin de se suicider sauf s'ils ont réglé leurs problèmes, ou si leurs problèmes ont diminué. Parfois, le fait de continuer à vivre et de surmonter les problèmes aident les adolescents à comprendre qu'ils ont beaucoup de force en eux. Mais il arrive que le temps ne leur donne pas ces réponses. Ils ont encore les mêmes problèmes avec leurs parents, qu'ils aient seize ans ou trente-six ans. Ils continuent à avoir une mauvaise estime d'eux-mêmes. Ils ont encore le sentiment de ne pas être importants et de ne pas être désirés.

Je sais que beaucoup d'entre vous se sentaient seuls, ignorés et invisibles dans la société, mais j'ai été impressionnée par le grand nombre de gens qui se préoccupaient de vous. Les adolescents et adolescentes qui ont répondu aux annonces que j'ai passées dans les journaux voulaient vous aider. Les membres du personnel des Centres d'aide pour les jeunes en crise de Vancouver, Toronto et Halifax voulaient vraiment faire quelque chose pour vous aider. Les administrateurs qui dirigeaient les fondations qui m'ont donné l'argent pour que je voyage à travers tout le Canada afin de vous parler se préoccupaient vraiment de ce qui vous arrivait. L'Association canadienne pour la santé mentale, un groupe composé de personnes qui s'intéressent à vous, m'a beaucoup aidée dans mon travail. En fait, il y avait tant de personnes qui se préoccupaient des adolescents et qui voulaient que ce livre soit une main tendue vers vous, que j'ai eu l'impression qu'il existait un important réseau qui attendait tous les adolescents qui avaient des problèmes. Il faut seulement que vous arriviez à le contacter. Nous voulons tous que les adolescents sachent qu'il y a quelqu'un près d'eux qui s'intéresse à eux. Il y a quelqu'un qui vous aidera. Persévérez jusqu'à ce que vous rencontriez cette personne.

12

Comment aider un ami?

Certains d'entre vous, qui lisez ce livre, ne pensent pas à se suicider mais s'inquiètent pour une amie. Que devriez-vous faire quand elle vous dit qu'elle va se tuer? Qu'est-ce qui pourrait l'aider? Devriez-vous en parler à quelqu'un d'autre? Vous avez la réponse à quelques-unes de ces questions dans les récits des personnes qui ont essayé de se suicider. Mais vous avez peut-être besoin que ces réponses soient regroupées. Vous trouverez à la fin de ce chapitre un résumé qui vous aidera à voir clairement ce que vous devez faire.

Peut-être êtes-vous la seule personne à savoir que votre ami envisage se suicider. Il ou elle l'a peut-être dit à d'autres personnes, mais vous savez que vous êtes le seul (ou la seule) à vous en préoccuper. Il semble y avoir une loi dans la vie qui veut que les autres vous fassent toujours part de leurs problèmes au mauvais moment. Vous avez échoué à votre examen de maths, vos parents se disputent encore, votre petit ami parle de vous quitter, et c'est précisément à ce moment-là que votre amie vous dit qu'elle veut mourir. Parfois, la vie de votre amie vous semble être une trop grande responsabilité pour vous; c'est une trop lourde charge émotive pour vos épaules. Il est tentant de vous dire: «*Elle ne le pense pas vraiment*», ou «*Elle a déjà dit des choses comme ça avant*», ou encore «*Sa vie n'est pas si terrible que ça*».

Vous pouvez aussi vous dire: «*Je ne suis pas psychologue. Je ne peux rien y faire*», «*Je me trompe probablement et elle ne pense pas vraiment au suicide*», «*Peut-être que je dramatise les choses*», en essayant de repousser loin de vous la souffrance de votre amie. Le suicide est la deuxième cause de décès pour votre groupe d'âge, votre première impression est donc probablement la bonne. Votre ami a vraiment mal, souffre vraiment et envisage réellement de se suicider. Malgré tous les problèmes auxquels vous êtes vous-mêmes confrontés, vous devez faire attention à votre ami (ou amie).

Parfois, votre ami ne vous dit pas ouvertement qu'il pense à se suicider. Il ne dit pas franchement: «*Je vais me tuer*», mais vous pouvez voir que sa vie change et qu'il a des problèmes sans savoir quels sont ses problèmes. Si vous avez ce sentiment désagréable, pensez aux signes suivants qui laissent prévoir un suicide.

S.O.S.
Signes laissant prévoir un suicide

Ces signes vous indiquent que votre ami envisage le suicide et pense peut-être passer bientôt à l'acte.

• Préparatifs pour mourir

Tout ce que ferait une personne si elle savait qu'elle allait mourir, par exemple donner ce qu'elle possède, aller chez les gens pour leur faire ses adieux.

• Tentatives de suicide antérieures

Ou tentative récente de suicide dans sa famille, son cercle d'amis, son entourage, ou encore tentative de suicide d'un modèle tel qu'une star du rock.

• Avertissements

Notes ou lettres parlant de suicide, poèmes ou essais, propos directs comme «*Vous serez mieux sans moi*», «*Je ne suis plus là pour longtemps*».

• Changements

Avant ses signes de S.O.S. vous pouvez remarquer des changements chez votre ami. Ces changements peuvent être liés à une perte ou à quelque chose que votre ami ressent comme une perte.

Qu'est-ce qu'une perte?

— changer d'école;

— une rupture avec un petit ami ou une petite amie;

— un parent qui part de la maison;

— la mort d'un membre de la famille;

— la mort d'un animal familier;

— la perte d'une position, par exemple obtenir des notes plus basses que celles que votre ami (ou amie) attendait ou ne pas faire partie d'une équipe;

— des problèmes à affronter: une comparution en cour, une punition pour avoir enfreint certaines règles;

— une maladie ou une blessure, le diagnostic d'une maladie, un accident ou un abus sexuel.

Tout le monde est confronté à des pertes au cours de sa vie, mais votre ami n'est peut-être pas préparé ou ne sait peut-être pas comment faire face à cette perte. Cela peut lui sembler insurmontable, une montagne de souffrance qui l'accable, comme si sa vie n'avait plus aucun sens et comme si cette perte lui avait enlevé tous ses moyens. Par réaction, il peut se sentir déprimé et désespéré.

Comportement de votre amie

Ce que pense votre amie d'elle-même tourne dans sa tête puis finit par entraîner des changements dans son comportement. Il se peut que vous remarquiez que, maintenant, votre amie si calme d'ordinaire parle tout le temps. Ou bien, votre amie habituellement si active et si bavarde est devenue très calme. Dans ses tentatives de fuir les sentiments qui l'accablent, elle peut chercher à oublier en consommant de la drogue et de l'alcool et passer beaucoup de temps "dans les nuages". Elle peut arrêter de prendre soin d'elle physiquement parce qu'elle pense que, de toute façon, elle ne vaut rien et que personne ne s'intéresse à ce qu'elle porte ou à son apparence. Vous pouvez avoir l'impression qu'elle vit dans un brouillard qui l'isole de tout le monde et qui fait qu'il est difficile pour vous de comprendre pourquoi elle a autant changé.

Il y a certaines choses que vous pouvez faire pour remédier à la situation.

• Demandez à votre ami s'il pense au suicide

Vous pouvez lui demander s'il pense au suicide. Il n'existe pas de façon particulière et magique de le faire. Demandez simplement: «*Penses-tu au suicide?*» Si la réponse est oui, demandez-lui: «*Comment penses-tu te suicider?*» et «*Quand penses-tu le faire?*»

• Écoutez votre amie

À ce stade, vous n'avez souvent rien d'autre à faire qu'écouter. Essayez d'établir un lien émotif avec elle. Dites-lui que vous acceptez ce qu'elle ressent. Vous ne voulez pas qu'elle meure parce que vous tenez à elle, mais vous comprenez pourquoi

elle peut avoir envie de mourir. Parfois, vous avez beaucoup de difficulté à comprendre sa souffrance. Vous ne vous sentiriez pas aussi mal à cause d'un B en maths. Vous pensez que son petit ami est un perdant et qu'elle a de la chance qu'il l'ait laissée tomber. Mais ce que vous pensez ne fonctionne pas dans ce cas-ci, c'est la vision qu'a votre amie de son monde qui l'affecte. Vous pouvez essayer de comprendre cette vision.

Allez chercher de l'aide

Passez du temps avec votre amie. Essayez d'être disponible quand elle a besoin de parler. Cela peut être très exigeant. Il se peut qu'elle vous téléphone après l'école, ou tard le soir, et qu'elle veuille vous parler pendant des heures. Cela peut être très important pendant une brève période. Si de longues conversations sur le suicide continuent, il se peut que vous ayez l'impression que tout ce que vous dites ou faites ne sert à rien et que cela vous prend toute votre énergie. Il y a des personnes auxquelles vous pouvez téléphoner et demander de l'aide: un employé du Centre d'aide pour les jeunes en crise, ou un adulte en qui vous avez confiance.

Une fois que vous avez compris que votre amie envisage de se suicider et que vous l'avez écoutée vous parler de ses problèmes, prenez du temps pour vous et réfléchissez à ce que vous pouvez faire et à la manière dont vous pouvez l'aider. Sauf, bien sûr, si vous pensez qu'elle va (ou qu'il va) essayer de se suicider aujourd'hui. Si tel est le cas, vous devez rester avec votre amie et l'empêcher de se faire du mal pendant que vous allez chercher de l'aide. En cas d'urgence, il n'y a pas vraiment d'autre choix qui s'offre à vous. Si elle vous dit qu'elle va essayer de se suicider tout de suite, aujourd'hui, vous devez croire qu'elle vous demande de l'en empêcher.

Si vous savez que votre ami pense au suicide, mais n'envisage pas le faire tout de suite, vous devez réfléchir à ce que vous allez faire. Vous devez vous rappeler que vous ne pouvez pas régler les problèmes de votre ami pour lui. Vous ne pouvez pas, d'un coup de baguette magique, changer son attitude, améliorer ses parents, ramener sa petite amie et faire que son histoire se termine comme un conte de fées. Sa vie est son histoire et il doit la vivre.

Vous ne pouvez rien faire de tout ça, mais vous pouvez l'aider. Vous êtes très important et vous pouvez contribuer à changer la vie de votre ami. Faites-le parler et aidez-le à trouver un adulte en qui il aura toute confiance et auquel il pourra parler. Il peut s'agir d'une tante, d'un prêtre ou d'un pasteur, d'un voisin, ou peut-être de **votre** mère ou de **votre** père. Une fois que votre ami aura parlé de suicide avec vous et avec un adulte en qui il a entièrement confiance, il y aura moins de risque qu'il passe à l'acte. Et une fois qu'il aura parlé à un adulte, vous serez soulagé de ne pas être seul à être au courant du problème ou à vous inquiéter.

Si votre ami ne veut pas parler à quelqu'un d'autre, trouvez quelqu'un en qui vous avez confiance et à qui vous pourrez parler. Vous avez besoin d'un confident pour pouvoir faire face à cette situation. Téléphonez au Centre d'aide pour les jeunes en crise de votre région (le numéro de téléphone se trouve au début de l'annuaire téléphonique) et demandez conseil à la personne que vous aurez au bout du fil. Il n'est pas nécessaire que vous donniez votre nom et vous pouvez parler de ce que vous ressentez. Demandez de l'aide pour évaluer les problèmes de votre ami et obtenez le nom et le numéro de téléphone de personnes qui pourraient vous aider dans votre région.

Vous trouverez ci-après un bref résumé des signes qui se manifestent chez une personne qui envisage le suicide, ainsi que des démarches que vous pouvez entreprendre pour l'aider.

S.O.S.

• **Action.** La personne agit comme si elle allait bientôt mourir, elle donne ce qu'elle possède, écrit ses volontés, rend visite à ses amis pour faire ses adieux.

• **Tentative de suicide antérieure** ou suicide dans sa famille, son cercle d'amis, son entourage, ou encore suicide d'un modèle pour les adolescents tel qu'une star du rock.

• **Avertissements.** La personne vous dit qu'elle veut mourir ou que le monde peut très bien se passer d'elle, laisse des notes écrites, fait des plaisanteries sur le suicide, parle beaucoup de la mort.

- **Changements**
  - dans la façon dont elle vit une perte qui lui semble difficile;
  - dans les sentiments qu'elle ressent envers elle-même;
  - dans la façon dont elle agit: elle consomme davantage de drogue et d'alcool; elle fuit davantage en regardant la télévision et en écoutant de la musique; elle a des problèmes avec son travail scolaire ou avec les règlements et les activités de son école; elle semble avoir plus d'accidents; elle prend davantage de risques; elle se replie sur elle-même et s'isole; elle commet des actes violents et des actes qui, selon vous, ne la valorisent pas beaucoup.

Que devez-vous faire?

- **Demandez-lui:** Penses-tu au suicide?

- **Écoutez-la.** Essayez de comprendre ce qu'elle ressent.

- **Allez chercher de l'aide.**
Essayez de trouver avec elle quel adulte lui inspire suffisamment confiance pour qu'elle lui parle et aidez-la à contacter cette personne. Trouvez un adulte en qui vous avez confiance et auquel vous pouvez parler de votre problème face à cette responsabilité.

Ce que vous ne devez PAS faire

- Ne faites pas comme si rien ne se passait.

- N'ignorez pas votre ami.

- Ne dites pas à votre ami qu'il ne peut pas se sentir comme il le dit, ou qu'il ne peut pas essayer de se suicider — il peut le faire.

- Ne gardez pas les intentions de votre amie pour vous; cela ne l'aidera pas et cela pourrait la blesser.

- Ne défiez pas votre ami de prouver qu'il est sérieux en lui demandant d'essayer de se suicider — il pourrait le faire.

Reconnaissez que vous vous sentez frustrés, incompétents et préoccupés par le fait que votre ami pense au suicide — tout cela vous semble si **difficile** — mais ne réagissez pas à ces frustrations en faisant comme si votre ami **n'avait pas** de problèmes sérieux.

Téléphonez au Centre d'aide pour les jeunes en crise afin d'obtenir de l'aide.

Les adolescents peuvent faire beaucoup plus que n'importe quels professionnels de la santé pour s'aider les uns les autres. Vous êtes importants.

Épilogue

Je n'avais pas compris à quel point les parents sont importants. Ils semblent avoir un pouvoir extraordinaire pour vous faire vous sentir inférieurs. Je n'avais pas compris que, de l'âge de treize ans jusqu'à l'âge adulte, les émotions que manifestent vos parents et l'image qu'ils vous renvoient de vous-mêmes vous influencent profondément. Je pensais que le suicide chez les adolescents était un problème de société. Vous m'avez dit que c'était un problème familial. Certains parmi vous ont choisi le suicide parce que cela leur apparaissait comme un moyen accepté par la société pour arrêter de souffrir. Il se peut que vous ayez eu des problèmes avec le groupe social auquel vous appartenez, mais c'est le rejet de votre famille à votre égard et non celui de votre groupe social qui semble avoir été l'événement déclencheur.

J'ai appris que, comme certains de vos parents, j'étais capable d'ignorer ce que ressentaient les adolescents. J'avais de la compassion à votre égard. Je voyais à quel point vos parents vous avaient rendu la vie difficile et j'ai pris conscience que j'avais dit à mes enfants des choses que vos parents vous avaient dites. À divers moments, j'ai eu à l'égard de mes enfants les mêmes comportements que vos parents. J'étais tombée dans les mêmes comportements. Vous m'avez amenée à repenser mes relations avec mes enfants.

Je m'attendais à découvrir que vos sentiments suicidaires provenaient des pressions engendrées par la compétition, peut-être d'un environnement social superficiel, de l'absence de buts et d'objectifs, de n'importe quoi. J'étais très ouverte face au suicide. Je n'avais aucune idée de ce que vous trouviez difficile dans votre vie. Vous m'en avez parlé. Ce qui était difficile c'était l'attitude de vos parents. Dans l'ensemble, si vos parents vous acceptaient, vous pouviez faire face à la vie. Si tel n'était pas le cas, vous en étiez incapables.

Vous m'avez appris qu'une faible estime de soi — le sentiment d'être inutile, de ne rien valoir — n'était pas un trait de personnalité permanent. Vous avez été nombreux à remonter le courant pour reprendre confiance en vous et vous apprécier. L'estime de soi n'est pas quelque chose de noir ou blanc, de positif ou négatif. C'est un *continuum*. Une même personne peut avoir une très mauvaise estime d'elle-même et une très bonne estime d'elle-même dans un laps de temps très court. Si vous avez une très mauvaise estime de vous-même maintenant, cela ne signifie pas que tel sera toujours le cas. Vous m'avez dit que vous appreniez peu à peu, avec le temps, à vous aimer.

Très souvent, vous avez essayé de vous suicider après une perte qui nécessitait beaucoup de temps pour être surmontée. Les psychologues estiment que, pour la majorité des gens, il faut au moins six semaines pour commencer à se sentir mieux après une perte – **commencer** à se sentir mieux. Cela peut prendre des mois, voire une année, avant que la souffrance ne disparaisse. Vous étiez nombreux à ignorer que vous vous sentiriez mal pendant longtemps suite à une perte et vos émotions vous ont accablés.

Vous vous sentiez obligés d'être heureux, de donner une bonne image de votre famille en donnant l'impression d'être heureux. Souvent, vos parents semblaient évaluer le bonheur en fonction de biens matériels: argent, maisons, emplois, prestige. Vous saviez qu'ils voulaient que vous réussissiez vos études et que vous obteniez un "bon" emploi ou fassiez une "bonne" carrière. Mais vous ne voyiez pas beaucoup de débouchés sur le marché du travail pour vous et peu de chance de répondre aux attentes qu'avaient vos parents envers vous. Cependant, ce n'était pas votre perception du marché du travail qui vous accablait, mais les attentes de vos parents à votre égard qui souhaitaient pour vous un "succès formidable". Vous n'aviez pas beaucoup de temps pour trouver votre propre voie. Vos parents et vos professeurs vous disaient de vous dépêcher. Vous deviez être compétitifs. Vous deviez faire partie de l'élite ou vous ne trouveriez pas de travail, vous seriez un raté. Vous saviez que vous en étiez incapables.

Très souvent, personne ne vous demandait ce que **vous** vouliez, ou quand vous le vouliez. Personne ne vous demandait comment vous vous débrouilliez, personne ne vous aidait à faire face aux pressions. J'ai demandé à Diana et à Steven s'il était arrivé une seule fois dans leur vie que quelqu'un s'assoit près d'eux et leur demande "Qu'est-ce qui ne va pas?" Ils se sont regardés, ont pensé à leur vie et ont répondu que cela n'était jamais arrivé. On leur **disait** plutôt ce qui n'était pas correct chez eux. Ils n'ont jamais eu l'occasion de travailler pour résoudre leurs problèmes avec un adulte compréhensif.

Votre vie à l'école vous semblait trop difficile. Vos amis superficiels. Chez vous, on ne vous acceptait que lorsque vous répondiez aux attentes de vos parents. On vous acceptait pour ce que vous faisiez de bien, pour vos réussites. On ne vous acceptait pas pour ce que vous étiez. Vos parents vous demandaient souvent de gagner leur amour. Cela vous semblait inaccessible. Vous aviez besoin de parents qui vous aiment et vous acceptent parce qu'ils vous appréciaient et non parce que vous gagniez leur amour jour après jour en répondant à leurs attentes. Si vous n'étiez pas aimés de façon gratuite, vous pensiez que vous n'étiez pas "assez bien". Vous n'étiez pas comme ils voulaient. Vous ne seriez jamais comme ils voulaient. Une telle situation familiale rendait le suicide attirant.

Pour sortir de ce modèle, vous deviez prendre conscience que ce modèle existait. Vous deviez y faire face et en parler; vous aviez besoin de quelqu'un à qui parler.

Vous m'avez dit que de l'aide — une bouée de sauvetage, une porte de sortie — ne se présentait pas tout seul. Quelqu'un en dehors de vous-même, un ami, un travailleur d'un Centre d'aide pour les jeunes en crise, un psychologue — quelqu'un — faisait un effort. Quelqu'un vous écoutait pendant que vous parliez, pendant que vous exprimiez vos frustrations, vos inquiétudes, vos cauchemars. En parlant vous étiez confrontés à vos problèmes et avanciez peu à peu vers une solution. Vous ne demandiez pas des centres pour adolescents merveilleux. Vous ne demandiez pas un conseiller pour chaque classe. Vous ne demandiez pas un cours sur le suicide. Vous ne demandiez pas un formidable comité pour un service d'aide sociale. Vous aviez besoin d'un ami. Vous aviez besoin que la société offre à chacun de vous un ami. Vous aviez besoin de regarder autour de vous et de trouver un ami. Ce que vous vouliez, c'était quelqu'un à qui parler.

Vous préféreriez parler à quelqu'un de votre âge, qui aurait connu le traumatisme d'une tentative de suicide, qui pourrait vous comprendre et vous aider. Ce sont là des qualifications que vous avez pour conseiller efficacement un adolescent qui vivrait les mêmes problèmes que vous avez vécus. **Vous** pouvez conseiller un autre adolescent. En tant qu'adolescents, vous avez la responsabilité de prendre soin des adolescents. Vous devez vous préoccuper suffisamment les uns des autres pour vous aider les uns les autres. C'est vous qui avez le plus de pouvoir pour remédier à la situation. En étant un ami, en étant là pour parler, les adolescents peuvent empêcher le suicide chez les autres.

Ce qui est encourageant chez l'être humain, c'est sa capacité à changer. Les personnalités, les idées et les aptitudes à surmonter les événements peuvent changer d'un jour à l'autre, d'une semaine à l'autre. Le monde peut changer aussi. Ce que vous vivez aujourd'hui peut changer, de façon spectaculaire ou peu à peu, et vous pouvez passer d'un environnement étouffant et destructeur à un environnement encourageant et positif. Une personne autodestructrice et renfermée peut devenir aimante et encourageante. C'est possible. Les êtres humains en sont capables.

Vous étiez très nombreux à ne pas pouvoir communiquer avec vos parents. Vous vous sentiez souvent très distants de votre père. Vous vouliez une relation chaleureuse avec vos parents, mais vous ne saviez pas comment vous y prendre. Il se peut que vous n'ayez jamais la relation que vous souhaiteriez avoir avec vos parents, mais vous pouvez avoir une meilleure relation que celle que vous avez maintenant. N'abandonnez pas tout espoir. Eux aussi peuvent changer. Ils peuvent apprendre à vous écouter.

Pour la plupart, vous aviez changé. Votre vie était meilleure. Si les autres, ceux qui sont disparus, ne s'étaient pas suicidés, leur vie aurait pu changer. Ils avaient besoin de plus de temps, d'amis et de plus d'espoir.

Vous m'avez montré votre capacité d'aimer, votre sensibilité et votre sens des responsabilités envers la société. Vous n'avez cessé de m'impressionner par votre force, votre détermination et votre extraordinaire courage. J'aimerais vous garder et vous envoyer auprès des adolescents qui envisageraient le suicide parce que vous leur montreriez l'affection que vous avez à leur égard, vous les comprendriez et vous les aideriez. Peut-être que cela aidera ceux et celles qui lisent ce livre de savoir que vous êtes là, que vous êtes trente à souhaiter le meilleur pour eux, à avoir de l'affection pour eux et à leur souhaiter du courage et de la force pour qu'ils se viennent en aide.

Ressources

Vous trouverez ci-dessous quelques organisations qui se consacrent aux problèmes reliés au suicide et aux conséquences des tentatives de suicide.

Centres d'aide pour les jeunes en crise

Vous trouverez à l'intérieur de la couverture des annuaires téléphoniques (pages blanches et pages jaunes) les numéros de téléphone des centres d'aide pour les jeunes en crise de votre région. Ce sont généralement des numéros auxquels vous pouvez téléphoner vingt-quatre heures sur vingt-quatre. Il y a parfois des lignes réservées aux adolescents et parfois ces lignes ne fonctionnent qu'à certaines heures. Ces lignes pour les personnes en crise sont souvent très occupées; il se peut donc que vous deviez attendre et composer le numéro à plusieurs reprises pour obtenir quelqu'un. Persistez.

Si vous êtes éloignés du Centre d'aide pour les jeunes en crise et si vous devez payer des frais interurbains, téléphonez à l'opératrice et dites-lui que vous voulez une ligne d'aide. Elle peut vous mettre en communication sans que vous ayez à payer. Quelques centres ont des numéros 1-800 qui desservent un vaste territoire.

S.I.E.C.

The Suicide Information and Education Centre
(Centre d'information et d'éducation sur le suicide)

Ce centre est une importante source d'information sur le suicide; vous y trouverez des livres, des brochures, des vidéos et des recherches universitaires. Vous pouvez leur téléphoner et leur poser toutes les questions que vous voulez, vous pouvez aussi leur demander le numéro de téléphone d'un Centre pour les adolescents en crise, d'un groupe de soutien ou d'un groupe de survivants dans votre région.

#201 1615, 10th Ave. SW
Calgary (Alberta) T3C 0J7
Téléphone: (403) 245-3900
Télécopieur: (403) 245-0299

Un adulte en qui vous avez confiance

Il s'agit de quelqu'un en qui vous avez eu confiance dans le passé ou qui, vous êtes sûrs, s'intéressera à votre problème et essaiera de vous aider. Tout le monde n'est pas, même si sa position devrait le rendre digne de confiance, une personne fiable ou à laquelle vous pouvez parler en toute sécurité. Choisissez une ou deux personnes en qui vous pouvez avoir confiance et arrangez-vous pour leur parler.

- la mère ou le père d'un ami,
- une tante, un oncle ou un autre membre de votre famille,
- un conseiller de votre âge à l'école (il ou elle n'est pas un adulte, mais est souvent apte à vous conseiller),
- un prêtre ou un conseiller de votre église,
- un responsable des jeunes dans un club auquel vous appartenez,
- un conseiller de votre école,
- un psychologue,
- un médecin, une infirmière ou un autre travailleur en soins de la santé.

Groupes

Les villes, les comtés, les états et les provinces ont leurs propres centres d'éducation, d'information et d'aide. Consultez la couverture intérieure de l'annuaire de votre région pour le numéro de téléphone du Centre d'aide pour les jeunes en crise de votre région. Téléphonez au Centre pour obtenir des renseignements sur les services locaux. Les Centres d'aide pour les jeunes en crise sont à la fois des centres pour vous aider en cas d'urgence, un endroit où parler de vos problèmes et une source d'informations communautaires. Différentes organisations traitent de différents problèmes comme:

SAFER
Suicide Attempt Follow-up and Research
(Recherche et suivi sur les tentatives
de suicide)
#300 2425 Quebec Street
Vancouver (Colombie-Britannique) V5T 4L6
Téléphone: (604) 879-9251

Survivor Support (Aide aux survivants)
10 Trinity Square
Toronto (Ontario) M5G 1B1
Téléphone: (416) 595-1716

Bear Clan Patrol
Ma Mawi Wi Chi Itata
Winnipeg (Manitoba)
Téléphone: (204) 949-0471

Montréal

Association québécoise de suicidologie
800, boulevard Saint-Joseph Est
Montréal, H2J 2K4
Téléphone: (514) 528-5858

Jeune Vie Inc.
3825, Windsor
Saint-Hubert, J4T 2Z6
Du lundi au dimanche, de 8 h 00 à 17 h 00
Téléphone: (514) 445-7175

Jeunesse J'écoute
Téléphone: 1 800 668-6868 (aucun frais)

Suicide-Action Montréal Inc.
C.P. 310, Succ. St-Michel
Montréal, H2A 3M1
Services en français et en anglais
Services available in French and English
Disponible 7 jours/semaine, 24 hres/jour
Téléphone: (514) 723-4000

Suicide Intervention Inc.
Téléphone: (514) 448-8311

Tel-Aide
Téléphone: (514) 935-1101

Tel-Jeunes
Téléphone: (514) 288-2266
            1 800 263-2266 (aucun frais)

Québec

Centre de préventiondu suicide
Disponible 7 jours/semaine, 24 hres/jour
Téléphone: (418) 683-4588

Conseil permanent jeunesse
580, Grande Allée Est, #440
Québec, G1R 2K2
Téléphone: (418) 644-9595

Autres régions au Québec

ABITIBI – TÉMISCAMINGUE
Table de concertation régionale en prévention
du suicide de l'Abitibi-Témiscamingue
C.P. 1440
Malartic, J0Y 1ZO
Téléphone: (819) 757-6282 (administration)

AMOS
Comité de prévention du suicide
C.P. 53
Amos, J9T 3A5
Du lundi au jeudi, de 20 h 00 à 24 h 00
Du vendredi au dimanche, de 20 h 00 à 4 h 00
Téléphone: (819) 732-9417
            1 800 567-6407 (aucun frais)

BAIE-COMEAU – MINGAN
Prévention Suicide de la Rive
C.P. 2471
Baie-Comeau – Mingan, G5C 2Z6
Service disponible de 19 h à 7 h tous les jours
Téléphone: (418) 589-1629
(418) 295-2101
1 800 663-2556 (aucun frais)
Télécopieur: (418) 295-2567

CAP-AUX-MEULES
CLSC des Iles
Disponible 7 jours/semaine, 24 hres/jour
Téléphone: (418) 986-2121

DRUMMONDVILLE
Au bout du fil de Drummond
Disponible 7 jours/semaine, de 8 h 00 à 24 h 00
Téléphone: (819) 477-8855

GRANBY
Centre de prévention du suicide
de la Haute-Yamaska
Du lundi au jeudi, de 8 h 00 à 24 h 00
Le vendredi, de 8 h 00 à 4 h 00
Le samedi, de 17 h 00 à 4 h 00
Le dimanche, de 17 h 00 à 24 h 00
Téléphone: (514) 375-4252

GRAND-MÈRE – SHAWINIGAN
Centre Action Suicide
Centre de la Mauricie/Normandie
C.P. 3093
Shawinigan, G9N 7V5
Disponible 7 jours/semaine, 24 hres/jour
Téléphone: (819) 536-2995

GRANDE-VALLÉE
CLSC L'Estran
Disponible 7 jours/semaine, 24 hres/jour
Téléphone: (418) 393-2001

LA SARRE
Comité de prévention du suicide
C.P. 546
La Sarre, J9Z 3J3
Du lundi au jeudi, de 20 h 00 à 24 h 00
Du vendredi au dimanche, de 20 h 00 à 4 h 00
Téléphone: (819) 339-5366
          1 800 567-6407 (aucun frais)

LA TUQUE
Service de prévention du suicide
C.P. 553
La Tuque, G9X 3P4
Disponible 7 jours/semaine, de 18 h 00 à 23 h 00
Téléphone: (819) 523-2220
          (819) 523-7773

LEBEL-SUR-QUÉVILLON
Comité de prévention du suicide
Lebel-sur-Quévillon, J0Y 1X0
Du lundi au jeudi, de 20 h 00 à 24 h 00
Du vendredi au dimanche, de 20 h 00 à 4 h 00
Téléphone: (819) 755-3911
      1 800 567-6407 (aucun frais)

MALARTIC
Comité de prévention du suicide
C.P. 1838
Malartic, J0Y 1Z0
Du lundi au jeudi, de 20 h 00 à 24 h 00
Du vendredi au dimanche, de 20 h 00 à 4 h 00
Téléphone: (819) 757-4498
      1 800 567-6407 (aucun frais)

OUTAOUAIS
Centre d'aide 24/7
Hull
Disponible 7 jours/semaine, 24 hres/jour
Téléphone: (819) 595-9999

OUTAOUAIS
Tel-Aide
C.P. 2121
Hull, J8X 3Z4
Disponible 7 jours/semaine, 24 hres/jour
Téléphone: (613) 741-6433
      1 800 567-9699 (aucun frais)

PASPÉBIAC
CLSC Chaleurs
Disponible 7 jours/semaine, de 8 h 00 à 24 h 00
Téléphone: (418) 725-6611

PLESSISVILLE
Réseau prévention suicide des Bois-Francs
C.P. 492
Plessisville, G6L 3M2
Disponible 7 jours/semaine, 24 hres/jour
Téléphone: (819) 362-6301
            (819) 751-2205

POINTE-BLEUE
Commission des services communautaires
de Pointe-Bleue
Téléphone: (418) 275-5375

RIMOUSKI
Centre de prévention du suicide
du Bas Saint-Laurent
Du lundi au jeudi, de 20 h 00 à 24 h 00
Du vendredi au dimanche, de 20 h 00 à 4 h 00
Téléphone: (418) 724-2463
            1 800 463-0009 (aucun frais)

RIVIÈRE-DU-LOUP
Centre ressource intervention suicide
du Grand Portage
Téléphone: (418) 867-2642

ROUYN-NORANDA
Comité de prévention du suicide
C.P. 1023
Rouyn-Noranda, J9X 5C8
Du lundi au jeudi, de 20 h 00 à 24 h 00
Du vendredi au dimanche, de 20 h 00 à 4 h 00
Téléphone: (819) 764-4348
          1 800 567-6407 (aucun frais)

SAINT-GEORGES DE BEAUCE
Centre d'écoute téléphonique et
de prévention du suicide (Accueil-Amitié)
Disponible 7 jours/semaine, de 18 h 30 à 22 h 30
Téléphone: (418) 228-0001

SAINT-JEAN-SUR-RICHELIEU
Centre de prévention du suicide
du Haut-Richelieu
Disponible 7 jours/semaine, de 18 h 00 à 24 h 00
Téléphone: (514) 347-9189

SAINT-JÉRÔME
Centre d'intervention Le Faubourg
Disponible 7 jours/semaine, 24 hres/jour
Téléphone: (514) 569-0101
          1 800 661-0101 (aucun frais)

SAINT-MICHEL-DES-SAINTS
Mizévie
Du lundi au vendredi, de 13 h 00 à 17 h 00
Le jeudi, de 18 h 30 à 21 h 30
Téléphone: (514) 833-6040

SAINT-PASCAL
C.L.S.C. les Aboiteaux
Téléphone: (418) 492-1223

SAGUENAY – LAC SAINT-JEAN
CHIBOUGAMEAU – CHAPAIS
Centre de prévention du suicide 02
C.P. 993
Chicoutimi, G7H 5G4
Disponible 7 jours/semaine, 24 hres/jour
Téléphone: (418) 545-1919
            1 800 463-9868 (aucun frais)

SENNETERRE
Comité de prévention du suicide
C.P. 6
Senneterre, J0Y 2M0
Téléphone: (819) 737-4350
Du lundi au jeudi, de 20 h 00 à 24 h 00
Du vendredi au dimanche, de 20 h 00 à 4 h 00

Intervenant sur la ligne régionale
Téléphone: 1 800 567-6407 (aucun frais)

SHAWINIGAN
Centre Action Suicide
Centre de la Mauricie/Normandie
C.P. 3092
Shawinigan, G9N 7Y5
Disponible 7 jours/semaine, 24 hres/jour
Téléphone: (819) 536-2995

SHERBROOKE
Carrefour intervention suicide 05
C.P. 71
Sherbrooke, J1H 5H5
Du lundi au samedi, de 8 h 30 à 20 h 30
Téléphone: (819) 564-1664

SOREL
Détresse Suicide
Disponible 7 jours/semaine, 24 hres/jour
Téléphone: (514) 746-5516

TROIS-RIVIÈRES
Service de prévention du suicide
C.P. 1411
Trois-Rivières, G9A 5L2
Disponible 7 jours/semaine, de 18 h 00 à 23 h 00
Téléphone: (819) 379-9238

VAL D'OR
Comité de prévention du suicide
C.P. 178
Val d'Or, J9P 4P3
Du lundi au jeudi, de 20 h 00 à 24 h 00
Du vendredi au dimanche, de 20 h 00 à 4 h 00
Téléphone: 1 800 567-6407 (aucun frais)

VILLE-MARIE
Centre de prévention du suicide
Ville-Marie
Du lundi au jeudi, de 20 h 00 à 24 h 00
Du vendredi au dimanche, de 20 h 00 à 4 h 00
Téléphone: 1 800 567-6407 (aucun frais)

Alberta

CALGARY
Centre d'information et d'éducation sur le suicide
Programmes de formation pour
la prévention du suicide
Suite 201, 1615, 10e Avenue SO
Calgary, T3C 0J7
Téléphone: (403) 245-3900
Télécopieur: (403) 245-0299

CALGARY
Association canadienne pour la santé mentale
Services prévention suicide
Suite 103, 723, 14e Street NW
Calgary, T2N 2A4
Téléphone: (403) 297-1744

Centre pour les jeunes en détresse/Centre pour les toxico-
manes
Service en anglais
Service available in English
Ligne pour les gens en crise (24 heures sur 24) Téléphone:
(403) 266-1605
Ligne pour les adolescents (17 h à 23 h)
Téléphone: (403) 266-TEEN (8336)
Ligne pour les jeunes toxicomanes (18 h à 23 h) Téléphone:
(403) 269-DRUG (3784)
Counselling
Téléphone: (403) 266-1634
Éducation communautaire
Téléphone: (403) 266-1601
Telecare Calgary
Téléphone: (403) 266-0700

RÉGION DE CALGARY
BanffLigne pour les gens en crise
Téléphone: 1 800 332-1287 (aucun frais)
CanmoreLigne pour les gens en crise
Téléphone: 1 800 332-1287 (aucun frais)
DrumhellerLigne pour les gens en crise
Téléphone: 1 800 332-1287 (aucun frais)
StrathmoreLigne pour les gens en détresse
Téléphone: (403) 934-5342

EDMONTON
Dr. Ron Dyck, Directeur
Évaluation des recherches et
prévention du suicide
Jennifer White, Coordonnatrice
de la prévention du suicide chez les jeunes
Santé de l'Alberta
Division des services de santé mentale
4e Floor, 10030, 107e Street
Edmonton, T1H 0E6
Téléphone: (403) 427-2816
Télécopieur: (403) 422-9681

Le réseau de soutien
Service en anglais
Service available in English (24 heures sur 24)
Ligne pour les gens en crise
Téléphone: (403) 482-HELP (4357)
Ligne d'information
Téléphone: (403) 482-4636

EDMONTON
Armée du salut
Prévention du suicide
Téléphone: (403) 488-0230

France

SOS Suicide Phénix
Paris: 36, rue de Gergovie, 75014.
Téléphone: (1) 40 44 46 45
Lyon: 78 52 55 26
Bordeaux: 56 96 49 04
Clermont-Ferrand: 73 90 45 45
Le Havre: 35 43 24 25
Saint-Brieuc: 96 78 02 03

Impasse et devenir
19, rue des Feuillantines, 75005 Paris.
Téléphone: (1) 43 25 02 01

SOS Amitié
Téléphone: (1) 42 93 31 31 et (1) 42 96 26 26

Recherche et rencontres
61, rue de la Verrerie, 75004 Paris.
Téléphone: (1) 42 78 19 87
Lyon: 78 28 77 93
Toulouse: 61 25 61 40
Marseille: 91 54 85 32
Grenoble: 76 87 90 45
Nantes: 40 08 08 10
Brive: 55 23 49 95

Phare enfants-parents
7, rue Parrot, 75012 Paris.
Téléphone: (1) 43 07 80 68

«Aux captifs la libération»
7, rue Guillaume-Bertrand, 75011 Paris.
Téléphone: 47 00 86 68

CRIS (Centre de réflexion et d'intervention sur le suicide)
3, rue Charles-Baudelaire, 75012 Paris.
Téléphone: (1) 44 75 54 54

Bibliographie

Livres

Alberta Health. *Strengthening the Circle: What Aboriginal Albertans Say About Their Health*. Edmonton: Aboriginal Health Unit, Alberta Health, 1995.

Alvarez, A. *The Savage God: A Study of Suicide*. New York: Random House, 1972.

American Association of Suicidology. *Suicide Prevention and Crisis Intervention Agencies in the United States*. Denver: American Association of Suicidology, 1985.

Association scientifique pour la modification du comportement. *La violence chez les jeunes. Compréhension et intervention*. Montréal: Éditions Sciences et Culture Inc., 1995.

Baechler, Jean. *Suicides*. New York: Basic Books Inc., 1979.

Bradley, Jon and Mary J. Rotheram-Borus. *Evaluation of Imminent Danger for Suicide: A Training Manual*. Tulsa, Oklahoma: University of Oklahoma, NRC Youth Services, Continuing Education and Public Service, 1990.

California Department of Mental Health Office of Prevention (The). *The California Helper's Handbook for Suicide Intervention*. Sacramento: The California Department of Mental Health Office of Prevention.

Cooper, Mary, Anne Marie Karlberg and Lorretta Pelletier Adams. *Aboriginal Suicide in British Columbia*. Burnaby: B.C. Institute on Family Violence Society, 1991.

Department of Health & Human Services. *Youth Suicide Prevention Programs: A Resource Guide*. Atlanta: Public Health Service Centers for Disease Control, National Center for Injury Prevention and Control, 1992.

Evoy, John Joseph. *The Rejected: Psychological Consequences of Parental Rejection*. University Park and London: The Pennsylvania State University Press, 1981.

Giovachini, Peter. *The Urge to Die: Why Young People Commit Suicide*. New York: MacMillan Co., 1981.

Gordon, Sol. *When Living Hurts*. New York: Union of American Hebrew Congregations, 1985.

Grover, Herbert J. and Wm. A. Berkan. *A Guide to Curriculum Planning in Suicide Prevention*. Madison: Wisconsin Department of Public Instruction, 1990.

Hendin, Herbert M. *Suicide in America*. New York: W.W. Norton, 1982.

Hyde, Margaret O. and Elizabeth Held Forsyth. *Suicide: The Hidden Epidemic*. New York: Franklin Watts, 1978. Rev. ed. 1986.

Klagsbrun, Francine. *Too Young to Die: Youth and Suicide*. Boston: Houghton Mifflin, 1976.

Lester, David. *Questions and Answers About Suicide*. Philadelphia: The Charles Press, 1989.

Lester, David. *Why People Kill Themselves: A 1980's Summary of Research Findings on Suicidal Behavior*. 2nd ed. Springfield (IL): Charles C. Thomas, 1983.

Maris, Ronald W. *Pathways to Suicide: A Survey of Self-Destructive Behaviors*. Baltimore: John Hopkins University Press, 1981.

Masecar, D. *Northern Lifelines: Suicide Information and Resource Manual*. Sault Ste-Marie (ON): Algoma Child and Youth Services, 1992.

Northwest Territories Social Services. *Working Together Because We Care: Rankin Inlet Forum*. Yellowknife: Northwest Territories Social Services, 1992.

Pfeffer, Cynthia R. *The Suicidal Child*. New York, London: The Guilford Press, 1986.

Reynolds, David K. and Norman L. Farberow. *The Family Shadow: Sources of Suicide & Schizophrenia*. Los Angeles, London: University of California Press, 1981.

Richman, Joseph. *Family Therapy for Suicidal People*. New York: Springer Publishing, 1986.

Rosenfeld, Linda and Marilynne Prupas. *Left Alive: After a Suicide Death in the Family*, Springfield (IL): Charles C. Thomas, 1984.

Rotherram-Borus, M.J., Jon Bradley and Nina Obolensky. *Planning to Live: Evaluating and Treating Suicidal Teens in Community Settings*. Tulsa, Oklahoma: National Resource Center for Youth Services, University of Oklahoma, 1990.

Royal Commission on Aboriginal Peoples. *Choosing Life: Special Report on Suicide Among Aboriginal People*. Ottawa: Canadian Communications Groups, 1994.

Royal Commission on Aboriginal Peoples. *The Path to Healing: Report of the National Round Table on Aboriginal Healing and Social Issues*. Ottawa: Royal Commission on Aboriginal Peoples, 1993.

Sanderson, J.D. *How to Stop Worrying About Your Kids*. New York: W.W. Norton, 1978.

Scarfe, Maggie. *Intimate Partners: Patterns in Love and Marriage*. New York: Random House, 1987.

Shamoo, Tonia K. and Philip Patros. *I Want to Kill Myself: Helping Your Child Cope With Depression and Suicidal Thoughts*. Lexington, Mass.: Lexington Books, 1990.

Stenger, Erwin. *Suicide and Attempted Suicide*. New York: Jason Aronson, 1974.

Travis, Carol. *Anger, The Misunderstood Emotion*. New York: A Touchstone Book, Simon and Schuster, 1982.

Viorst, Judith. *Necessary Lossed: The Loves, Illusions, Dependencies and Impossible Expectations That All of Us Have to Give Up in Order to Grow*. New York: Fawcett Gold Medal, 1986.

Williams, Kate. *Dépression et suicide chez les jeunes. Guide pour les parents*. Montréal: Éditions Sciences et Culture Inc., 1996.

Périodiques

Bagley, Christopher and Richard Ramsay. "Problems and Priorities in Research on Suicidal Behaviours: An Overview with Canadian Implications", *Canadian Journal of Community Mental Health*, Vol. 4, No.1 Spring 1985, pp. 15-49.

Gould, M.S. and D. Shaffer. "The Impact of Suicide in Television Movies", *The New England Journal of Medicine*, Sept. 11, 1986, Vol. 315, No.11, pp. 690-694.

Kienhorst, Ineke. "Kurt Cobain", *The Journal of Crisis Intervention and Suicide Prevention*, Vol. 15, No.2, 1994, pp. 62-64.

Konopka, Gisela. "Adolescent Suicide", *Exceptional Children*, Vol. 49 (5), Feb. 1983, pp. 390-394.

LaDue, Robin A. "Coyote Returns: Twenty Sweats Does Not an Indian Expert Make" in Bringing Ethics Alive: Feminist Ethics in Psychotherapy Practice, from *Women and Therapy*, Vol. 15, No.1 (1994), pp. 93-111.

Mental Health Division. "Suicide in Canada: Report on the National Task Force on Suicide in Canada", sponsored by the Mental Health Divisions, Health Services and Promotion Branch, Health and Welfare Canada, published by the Minister of National Health and Welfare, 1987.

Pettifor, J., D. Perry, B. Plowman and S. Pticher. "Risk Factors Predicting Childhood and Adolescent Suicides", *Journal of Child Care*, Vol. 1 (3), Jan. 1983, pp. 17-49.

Pfeffer, Cynthia, *Minneapolis Star and Tribune*, United Press, May 15, 1987.

Seiden, R.H. "The Youthful Suicide Epidemic", *Public Affairs Report*, University of California, Berkeley, Vol. 25, No.1, Feb. 1984, pp. 1-8.

Stack, Steven, Jim Gundlach and Jimmie L. Reeves. "The Heavy Metal Subculture and Suicide", *Suicide & Life-threatening Behavior*, Vol. 24, No.1, Spring 1994, pp. 15-23.

Westwood, Michael. "The Health of Canadian Youth: A Developmental Perspective", *Health Promotion*, Winter, 1986, pp. 2-5.

236

Zimmerman, Joy. "Teenage Suicide", *Pacific Sun*, Morin, California, April 10-16, 1987, pp. 12 and 356.

Films

Choices: Comprehensive Seminar on Youth Suicide. Force Four Productions. Vancouver: Vancouver Crisis Centre, 1994.

Cluster Suicide Episodes: Issues and Concerns for Native Communities. Jim Cardinal. National Film Board.

Denial, Healing and Hope: The Nishnawbe-Aski Nation Youth Forum on Suicide. Northern Insights. Thunder Bay (ON): Northern Insights, 1994.

Fragile Times. Perennial Education Inc. Oakville (ON): Magic Lantern Film Distributors Ltd., 1987.

Gay Youth. Pamela Walton. New York: Filmakers Library, 1992.

Healing Journey. Mental Health Advisory Services. Ottawa: Mental Health Advisory Services, Medical Services Branch, Health Canada, 1993.

Healing of Nations. Gryphon Productions. West Vancouver: Gryphon Productions.

Jan-Ah-Dah (It Hurts). Louise Profeit-LeBlanc, Janice Staples. Kelowna (BC): Filmwest Associates, 1988.

Listen to Me. Canadian Mental Health Association. Vancouver: Canadian Mental Health Association, 1987.

Poundmaker's Lodge: A Healing Place. Alanis Obomsawin. Ottawa: National Association of Friendship Centres, 1987.

AUTRES OUVRAGES PUBLIÉS
CHEZ SCIENCES ET *CULTURE*

La violence chez les jeunes

Compréhension et intervention

OUVRAGE COLLECTIF

Ce volume s'adresse à un éventail important de personnes désireuses de mieux comprendre le phénomène de la violence chez les jeunes ou qui cherchent à peaufiner leurs interventions.

Les parents confrontés à la violence de leur jeune adolescent(e), les enseignant(e)s et les policiers(ères), qui côtoient régulièrement les jeunes, trouveront réponses à plusieurs de leurs questions. Les intervenants sociaux et psychosociaux travaillant à la rééducation de ces jeunes pourront également tirer profit des réflexions et des suggestions contenus dans cet ouvrage.

«Nous sommes dans un contexte social qui se complaît, de façon morbide, dans des représentations de violence sur les écrans de cinéma et de télévision.»

Tony Anatrella, psychanalyste

«Il y aura inexorablement une accentuation de la violence s'il n'y a pas, dans les mots et surtout dans les faits, une recherche collective d'un Sens à l'existence.»

Michel Lemay, psychiatre

Format 15 cm x 23 cm, 208 pages

Dépression et Suicide chez les jeunes

Guide pour les parents

Kate Williams

Comment reconnaître si un enfant est en état de crise et savoir quels gestes poser

Que doit faire un parent lorsque son enfant décide que la vie est tellement pénible qu'elle ne vaut plus la peine d'être vécue?

Aussi difficile que soit cette question, c'en est une à laquelle trop de familles sont confrontées. **Kate Williams** a écrit *Dépression et suicide chez les jeunes* pour aider les parents à

- reconnaître les signes d'un enfant en crise et trouver de l'aide immédiate et efficace,

- faire face aux problèmes des adolescent(e)s, y compris la dépression,

- affronter leurs propres sentiments de honte et d'insuffisance socio-affective,

- réagir aux répercussions de la dépression des adolescent(e)s sur tout le système familial, et

- créer une vie de famille gouvernable.

L'auteure fait un récit franc et honnête des années difficiles vécues avec sa propre fille de 13 ans, donne des conseils sur la façon de distinguer entre une rébellion typique et des signes avant-coureurs plus sérieux, et indique comment obtenir l'aide appropriée.

Un mélange de confidences et de recommandations des plus heureux.

Format 14 cm x 21,5 cm, 224 pages

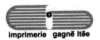
imprimerie gagné ltée